Weihnachten mit Kurt Tucholsky

Herausgegeben von
Axel Ruckaberle

Fischer Taschenbuch Verlag

Originalausgabe

Veröffentlicht im Fischer Taschenbuch Verlag,
einem Unternehmen der S. Fischer Verlag GmbH,
Frankfurt am Main, November 2010

Für diese Ausgabe:

Satz: pagina GmbH, Tübingen
Druck und Bindung: CPI – Clausen & Bosse, Leck
Printed in Germany
ISBN 978-3-596-90310-8

Unsere Adressen im Internet:
www.fischerverlage.de
www.fischer-klassik.de

Inhalt

»Womit ich mich verabschiede und Ihnen ein gutes Fest nachhinein wünsche …«

»Wieder haben wir einen Kalender heruntergerissen«

»Und so wollen wir auch in das neue, unbekannte Jahr hinübergehen, lachend, trotz alledem!«

Schnipsel

»Bei ›*Rheinsberg*‹ kann ich nicht klagen. Bis jetzt sind es ungefähr dreitausend Stück. (Der Verleger autòs éphe.) Aber wir haben uns auch auf den Kopf gestellt und haben um vorige Weihnachten einen Laden aufgemacht, den wir die ›Bücherbar‹ nannten, und wo wir Bücher und Schnaps verschenkten. Da ging es ausgezeichnet, und vielleicht hat es sich ein bißchen herumgesprochen …«

Tucholsky an Hans Erich Blaich,
9. September 1913

»Nun senkt sich wieder auf die heim'schen
Fluren die Weihenacht!«

Flocken

Jetzt blasen bald die kalten Winterstürme,
der Rabe kolkt, die schwarzen Krähen schrein;
es zieht fatal um alle Kirchentürme,
der Posten wickelt sich in seinen Pelz hinein.
Der Ofen knackt. Im bunten Weltgetümmel
wird eingeheizt von Riga bis zur Spree –
Sieh da – nun fällt vom weißen Winterhimmel
der erste Schnee.

Das war ein Jahr! Der Zar fiel sanft vom Throne,
es fiel die Börse in Amerika;
es fielen Riga, Görz, und eine Krone
in Rom ist auch dem Fallen ziemlich nah.
Der Deutsche rückt sich seinen Stahlhelm fester
und kocht sich einen warmen Wintertee;
den U-Boot-Leuten klatscht auf den Südwester
der erste Schnee.

Und auch der Frontsoldat, der gute Junge,
packt sich in seine Wintersachen ein;
er hat den Rumgeschmack schon auf der Zunge
und freut sich auf den braven Glühewein.
Elvira glaubt, es wird dem Knaben frommen
die warme Hülle für den großen Zeh – –
sie strickt.
Wir sind bereit.
Nun kann er kommen
der erste Schnee!

Groß-Stadt – Weihnachten

Nun senkt sich wieder auf die heim'schen Fluren
die Weihenacht! die Weihenacht!
Was die Mamas bepackt nach Hause fuhren,
wir kriegens jetzo freundlich dargebracht.

Der Asphalt glitscht. Kann Emil das gebrauchen?
Die Braut kramt schämig in dem Portemonnaie.
Sie schenkt ihm, teils zum Schmuck und teils zum Rauchen,
den Aschenbecher aus Emalch glasé.

Das Christkind kommt! Wir jungen Leute lauschen
auf einen stillen heiligen Grammophon.
Das Christkind kommt und ist bereit zu tauschen
den Schlips, die Puppe und das Lexikohn.

Und sitzt der wackre Bürger bei den Seinen,
voll Karpfen, still im Stuhl, um halber zehn,
dann ist er mit sich selbst zufrieden und im reinen:
»Ach ja, son Christfest is doch ooch janz scheen!«

Und frohgelaunt spricht er vom ›Weihnachtswetter‹,
mag es nun regnen oder mag es schnein.
Jovial und schmauchend liest er seine Morgenblätter,
die trächtig sind von süßen Plauderein.

So trifft denn nur auf eitel Glück hienieden
in dieser Residenz Christkindleins Flug?
Mein Gott, sie mimen eben Weihnachtsfrieden ...
»Wir spielen alle. Wer es weiß, ist klug.«

Weihnachten

So steh ich nun vor deutschen Trümmern
und sing mir still mein Weihnachtslied.
Ich brauch mich nicht mehr drum zu kümmern,
was weit in aller Welt geschieht.
Die ist den andern. Uns die Klage.
Ich summe leis, ich merk es kaum,
die Weise meiner Jugendtage:
O Tannebaum!

Wenn ich so der Knecht Ruprecht wäre
und käm in dies Brimborium
– bei Deutschen fruchtet keine Lehre –
weiß Gott! ich kehrte wieder um.
Das letzte Brotkorn geht zur Neige.
Die Gasse grölt. Sie schlagen Schaum.
Ich hing sie gern in deine Zweige,
o Tannebaum!

Ich starre in die Knisterkerzen:
Wer ist an all dem Jammer schuld?
Wer warf uns so in Blut und Schmerzen?
Uns Deutsche mit der Lammsgeduld?
Die leiden nicht. Die warten bieder.
Ich träume meinen alten Traum:
Schlag, Volk, den Kastendünkel nieder!
Glaub diesen Burschen nie, nie wieder!
Dann sing du frei die Weihnachtslieder:
O Tannebaum! O Tannebaum!

Weihnachten

In meiner Heimat, da oben im Norden,
sind wir als Kinder versammelt worden,
Anna stand hinter der Tür und hatte
einen Vollbart an aus furchtbar viel Watte.
Und während wir drin um den Weihnachtsbaum sangen,
hat sie ganz vorsichtig angefangen,
ein kleines Paket durch die Tür zu schieben,
da stand nun irgendwas drauf geschrieben:
Für Peter – Für Theo – Für Mary – Für Claire –
und wir platzten vor Neugier, was das wohl wäre – –
Und dann machte die Weihnachtsfrau draußen: Schwapp!
Und warf den Packen und rief:
»Julklapp!«

Ich werf euch nun so einige Packen
mit Spielzeug und Bildern und Nüssen zum Knacken:

Karl Liebknecht, wie bist du rein und fanatisch,
auf die Dauer wirkst du doch unsympathisch;
du bestärkst den Radau, treibst der Rechten die Mühlen –
ich glaube, du sitzt grade zwischen zwei Stühlen – –
Julklapp!

Frau Schwerindustrie, da hockst du und wartest.
Weißt du, daß du uns vier Jahre lang narrtest?
Jetzt sind dir die Felle stromabwärts geschwommen –
Bei Thyssen! sie werden schon wiederkommen – –
Julklapp!

Herr Major, die gesträubtesten Schnurrbarthaare
trösten uns nicht über die letzten Jahre.

Wo ist Ihr Glanz? Jetzt sitzt er und putscht.
Herr Major, Sie sind hinten runtergerutscht!
Julklapp!

Fühlst du dich etwa vom Frieden betroffen?
Herr Schieber? Mein Lieber, ich will es nicht hoffen.
Denn darin seid ihr euch gleich geblieben:
Für den Tüchtigen gibt es stets was zu schieben – –
Julklapp!

A und S – eine liebe Erscheinung!
Von jeher war das meine Meinung:
wir haben zu wenig Beamte im Haus.
A. u. S. Vielleicht heißt das: »aus«?
Julklapp!

Die Kinder … das ist ein ernstes Kapitel:
Brotkarten, Vaterns Soldatenkittel –
die Schule fällt aus – unsre Hoffnung nicht minder –
ich glaube, ich habe zum Glück keine Kinder …
Julklapp!

Der Tanz ist erwacht mit einem Male.
Der Foxtrott zieht durch alle Lokale;
und wer ihn nicht richtig tanzen kann,
der ist überhaupt kein deutscher Mann – –
Julklapp!

Mein Kino, du hast jetzt gute Tage!
Keine Aufsicht mehr, keine Zensurenplage.
Man kann jetzt unverhüllt alles sehn –
und trotzdem bist du genau so schön – –
Julklapp!

Ich hoffe, ich habe keinen vergessen.
Aber ihr geht nun gewiß zum Weihnachtsessen.
Und wenn wir das hier so alles lesen:
es ist eine schöne Bescherung gewesen!

Wunschzettel für Weihnachten

Es wünschen sich:

Reichskanzler Ebert: Eine Schlummerrolle: »Nur ein Viertelstündchen.«

Philipp Scheidemann: Einen Leitfaden: »Wie werde ich energisch?«

Liebknecht: Ein neues rotes Fähnchen für Rosa.

Herr von Tirpitz: Eine Fahrkarte nach Marienbad, um sich dünn zu machen.

v. Heydebrand: Juli 1914.

Die Sowjet-Regierung: Daß die russische Jugend wachsen, blühen und gedeihen möge. Es fehlt uns nämlich bereits an Leuten, die man aufhängen kann.

Der Friedensengel: Einen Platz am Weihnachtsbaum, um endlich auf einen grünen Zweig zu kommen.

»Die rote Fahne«: Zank-Äpfel, Krach-Mandeln, Knall-Bonbons.

Der Reichstag: Geschäftsordnungsdebatten, Freifahrkarten und Diäten. Dazu ein fünfundzwanzigjähriges Parlamentsjubiläum.

Rechtsanwalt Claß: Einen Mantel der christlichen Liebe, sein früheres Treiben zu bedecken.

Der Major a. D.: Eine Regierung, die seine Pension bezahlt. Welche, ist gleich.

Die Presse: Viel gutes Papier.

Thyssen: Viele gute Papiere.

Der »Ulk«: Ein geeintes, geordnetes Reich ohne Thron und Thronesstützen.

Einkäufe

Was schenke ich dem kleinen Michel
zu diesem kalten Weihnachtsfest?
Den Kullerball? Den Sabberpichel?
Ein Gummikissen, das nicht näßt?
  Ein kleines Seifensiederlicht?
  Das hat er noch nicht. Das hat er noch nicht!

Wähl ich den Wiederaufbaukasten?
Schenk ich ihm noch mehr Schreibpapier?
Ein Ding mit schwarzweißroten Tasten;
ein patriotisches Klavier?
  Ein objektives Kriegsgericht?
  Das hat er noch nicht. Das hat er noch nicht!

Schenk ich den Nachttopf ihm auf Rollen?
Schenk ich ein Moratorium?
Ein Sparschwein, kugelig geschwollen?
Ein Puppenkrematorium?
  Ein neues gescheites Reichsgericht?
  Das hat er noch nicht. Das hat er noch nicht!

Ach, liebe Basen, Onkels, Tanten –
Schenkt ihr ihm was. Ich find es kaum.
Ihr seid die Fixen und Gewandten,
hängt ihrs ihm untern Tannenbaum.
  Doch schenkt ihm keine Reaktion!
  Die hat er schon. Die hat er schon!

Friedens-Weihnachten

Der Weihnachtsengel schwebt ins Zimmer,
Leise, ganz leis.
Es strahlt um ihn ein heller Schimmer
In Nacht und Eis.
  Er weht um die Kerzen. Er weht um den Baum.
  Es träumen die Kinder den Weihnachtstraum.

Der Weihnachtsengel prüft die Gaben.
Kinderlein, seht!
Und wer soll diesen Helm da haben,
Der blinkend steht?
  Er ist für den jüngsten Jungen im Haus.
  Der Himmlische zieht seine Stirne kraus.

Der Weihnachtsengel probt zum Scherze
Eben den Helm.
Der blitzt noch kurz im Glanz der Kerze.
Dann lacht der Schelm.
  Und spricht: »Von allen diesen Gaben –:
  Den Helm soll Michel nie mehr haben!«

Weihnachten

Nikolaus der Gute
kommt mit einer Rute,
greift in seinen vollen Sack –
dir ein Päckchen – mir ein Pack.
Ruth Maria kriegt ein Buch
und ein Baumwolltaschentuch,
Noske einen Ehrensäbel
und ein Buch vom alten Bebel,
sozusagen zur Erheiterung,
zur Gelehrsamkeitserweiterung ...
Marloh kriegt ein Kaiserbild
und nen blanken Ehrenschild.
Oberst Reinhard kriegt zum Hohn
die gesetzliche Pension ...
Tante Lo, die, wie ihr wißt,
immer, immer müde ist,
kriegt von mir ein dickes Kissen. –
Und auch hinter die Kulissen
kommt der gute Weihnachtsmann:
Nimmt sich mancher Leute an,
schenkt da einen ganzen Sack
guten alten Kunstgeschmack.

Schenkt der Orska alle Rollen
Wedekinder, kesse Bollen –
(Hosenrollen mag sie nicht:
dabei sieht man nur Gesicht ...).
Der kriegt eine Bauerntruhe,
Fräulein Hippel neue Schuhe,
jener hält die liebste Hand –
Und das Land? Und das Land?
Bitt ich dich, so sehr ich kann:
Schenk ihm Ruhe –
lieber Weihnachtsmann!

»Wenn mein Papa mit dem Rufe ›Julklapp!‹
ein Weihnachtsgeschenk nach dem andern
durch die Tür feuerte …«

Gefühle nach dem Kalender

Eigentlich ist es ja ein bißchen merkwürdig: wenn nur noch wenige dünne Kalenderblätter den Abreißer vom 24. Dezember trennen, so senkt sich jenes weihnachtliche Gefühl auf ihn hernieder, das ihr alle kennt. Er wird ein bißchen weich, er wird ein wenig träumerisch, und wenn der ganze Apparat des Einkaufs vorbeigeklappert ist, wenn all das Tosen und Wirken vorüber ist, dann saugt er doch an seiner Weihnachtszigarre und denkt sich dies und das und allerlei. Aber wie denn? Kann man denn seine Gefühle kommandieren –? Kann man denn – nach dem Kalender – seine Empfindungen regeln?

Man kanns nicht. Der Schnurriker Mynona erzählt einmal die Geschichte vom Schauspieler Nesselgrün, dem es plötzlich einfiel, sein ihm zustehendes Weihnachten im August zu feiern – und unter unendlichem Hallo geht denn diese deplacierte Festlichkeit auch vor sich. Aber wir haben doch gelacht, als wir das lasen. Könnten wir andern das auch? Es ist wohl nicht nur die Furcht, uns lächerlich zu machen – es muß noch etwas anderes sein.

Der Grund, daß wir wirklich – jeden Weihnachten – in jedem Jahr – immer aufs neue imstande sind, genau um den 25. Dezember herum die gleichen starken Gefühle zu hegen, liegt doch wohl darin, daß sie sich angesammelt haben. Es muß doch irgend etwas da sein, das tropfenweise anschwillt, das ganze Jahr hindurch.

Schließlich ist doch der Kalender etwas ganz Äußerliches, Relatives, wir sind in gewisser Hinsicht mit ihm verwachsen – aber die Zeit ist nicht in uns, wir sind in der Zeit. Und das kleine Blättchen, das den Vierundzwanzigsten anzeigt, ist kein Grund, es ist ein Signal und ein Anlaß.

Ich habe immer das Gefühl, als ob wir jede Woche im Jahr weihnachtliche Empfindungen genug aufbrächten – aber gute Kaufleute, die wir sind, legen wir sie ›in kleinen Posten‹ zurück, bis es sich einmal lohnt. Im Dezember ist dann das Maß meist voll.

Ist es nicht schließlich mit jedem Gedenktag so –? Warum sollen wir gerade am neunzehnten an sie denken, und warum nicht einen Tag später –? ›Heute vor einem Jahr – –‹ ach Gott, entweder wir empfinden immer, daß sie auf der Welt ist – oder wir empfindens am neunzehnten auch nur konventionell. Gefühle nach dem Kalender –: das geht nur, wenn der Kalender sie ins Rollen bringt.

Gefühle nach dem Kalender ... Wir haben alle nur keine Zeit, um gut zu sein, wie? Wir haben nur alle keine Zeit. Und müssen tausend- und tausendmal herunterschlucken und herunterdrükken und sind vielleicht im Grunde alle froh, allweihnachtlich einen Anlaß gefunden zu haben, den gestauten Sentiments freien Lauf zu lassen. Wer erst nach dem Kalenderblatt sieht, sich vor den Kopf schlägt und »Ach, richtig!« ruft – dem ist nicht zu helfen.

Vielleicht hat diese neue – ehemals große – Zeit manches am deutschen Weihnachtsfeste geändert. Ich weiß nicht, obs innerlicher geworden ist. Es täte uns so not – nicht aus Gründen der Religion, die jedermanns Privatsache ist – sondern aus Gründen der Kultur. Diesem Volk schlägt ein Herz, aber es liegen so viel Kompressen darauf ...

Reißt sie ab. Wagt einmal (was besonders dem Norddeutschen schwer und sauer fällt), wagt einmal, geradeaus zu empfinden. Und wenn euch das Fest nach all dem, was geschehen ist, doppelt lieb, aber doppelt schwierig erscheint, dann denkt daran, wie ihr es im Feld gefeiert habt, und wo – und denkt daran, wie es ein Halt gewesen ist gegen die Lasten des äußern und innern Feindes, und wie schon das Datum, wie schon der Kalender Trost war in verdammt schwarzen Tagen. Und – weil wir hier gerade alle versammelt sind – denkt schließlich und zu guter Letzt – auch an etwas anderes.

Nach dem Kalender fühlen ... Aber habt ihr einmal geliebt ...? Die Damen sehen in ihren Schoß, und die Herren lächeln so unmerklich, daß ich von meiner Kanzel her Mühe habe, es zu erkennen. Also ihr habt geliebt, und ihr – ich sehe keinen an – liebt noch. Nun, ihr Herren, und wenn sie Geburtstag hat? Nun, ihr Herren, und wenn der Tag auf dem Kalender steht, an dem ihr sie zum erstenmal geküßt habt –? Nun?

Ihr feiert das. Was im ganzen Jahr künstlich oder zufällig zurückgedämmt war – es bricht – wenns eine richtige Liebe ist – elementar an solchem Tage hervor aus tiefen Quellen. Der Tag, dieser dumme Tag, der doch gleich allen anderen sein sollte, ist geheiligt und festlich und feierlich und freundlich – und ihr denkt und fühlt: sie – und nur sie. Nach dem Kalender ...?

Nicht nach dem Kalender. Ihr tragt alle den Kalender in euch. Es ist ja nicht das Datum oder die bewußte Empfindung, heute müsse man nun ... Es ist, wenn ihr überhaupt wißt, was ein Festtag ist, was Weihnachten ist: euer Herz.

Laßt uns einmal von dem Festtags-›Rummel‹ absehen, der in einer großen Stadt unvermeidlich ist. Laßt uns einmal daran denken, wie Weihnachten gefeiert werden kann, unter wenigen Menschen, die sich verstehen: Das ist kein Ansichtskarten-Weihnachten. Das ist nicht das Weihnachten des vierundzwanzigsten Dezembers allein – es ist das Weihnachten der Seele. Gibt es das –?

Es soll es geben. Und gibt es auch, wenn ihr nur wollt. Grüßt, ihr Herren, die Damen, küßt ihnen leise die Hand (bitte in meinem Auftrag) und sagt ihnen, man könne sogar seine Gefühle nach dem Kalender regeln: zum Geburtstag, zum Gedenktag – und zu Weihnachten.

Aber man muß welche haben.

Weihnachtsbitte

Der Berliner und insbesondere die Berlinerin ›kommt‹ bekanntlich ›zu nichts‹, und dem mag denn wohl auch zuzuschreiben sein, daß so viele Leute Wohltätigkeit üben möchten und so wenige es tun. Sie ›kommen nicht dazu‹. Und dann – wie fängt man das an? An wen soll man schicken? Und was? Und das Mädchen hat so viel zu tun – und soll nun auch Pakete schnüren, und es dauert so lange, Postanweisungen aufzugeben ... Und inzwischen frieren und hungern die andern.

Es ist also nicht immer Phantasielosigkeit daran schuld, daß einer nichts gibt. (Obgleich viele Leute mehr Gutes täten, wenn sie sich nur recht intensiv vorstellten, was das ist: hungern – und was das ist: frieren.) Es mag auch Mangel an Zeit schuld sein.

Ich bitte nun die unter meinen Lesern, die im Laufe des Jahres ein bißchen Unterhaltung, Anregung oder Freude an den kleinen Glossen gehabt haben, die ich hier veröffentlichen durfte, mir einen Weihnachtswunsch zu erfüllen.

Dem Städtischen Asyl für Obdachlose geht es mit seinen Mitteln nicht zum besten. Die Leute brauchen Kleider, Decken, Nahrungsmittel und vor allem Geld. Adresse: Berlin N C 55, Fröbelstraße 15.

In der Prinzregentenstraße 23 zu Wilmersdorf lebt eine blinde Frau, Betty Wassermann, eine ehemalige Tänzerin, die bei einem Versuch des Doppelselbstmords durch einen Schuß ihr Augenlicht eingebüßt hat. Sie ist von einem Tag zum andern auf das angewiesen, was ihr fremde Menschen ins Haus schikken.

Die Gefangenen auf der Festung Niederschönenfeld sind hilf- und wehrlos der bayerischen Verwaltung ausgeliefert. Während sich Jagow ›entfernte, um von der Haft verschont zu bleiben‹, leiden diese armen Menschen wie die Tiere. Sie möchten Tabak haben, Süßigkeiten, unpolitische Bücher; für den, der das grade nicht im Hause hat, wird eine Geldsendung am richtigsten sein.

Man kann an Ernst Toller oder Erich Mühsam, Festung Niederschönenfeld bei Rain am Lech in Bayern, adressieren.

Es ist Geschmackssache, wem man so eine Weihnachtsgabe schickt, und was man schickt.

Ich bitte jeden einzelnen, nach Lust und Können an diese Adressen oder – wenn er bessere weiß – an andre was zu Weihnachten zu schicken. Man sollte die Trägheit des Herzens überwinden. Es summiert sich ja doch.

Wer sich mit der Formalität dieser Sendungen nicht abgeben mag, der überweise eine Summe dem Postscheckkonto der ›*Weltbühne*‹ Berlin 11 958. Wir werden das Geld unter diese drei Empfängergruppen verteilen und auf Wunsch öffentlich quittieren. Ich habe einen kleinen Anfang gemacht und der ›*Weltbühne*‹ eine Summe Geldes zur Verfügung gestellt.

Meine Bitte: folgt nach!

Kleine Reise 1923

Das Rathaus zu Goslar ist eine weißangestrichene Wachtstube. Das danebenstehende Gildenhaus hat schon ein besseres Ansehen. Ungefähr von der Erde und vom Dach gleich weit entfernt stehen da die Standbilder deutscher Kaiser, räucherig schwarz und zum Teil vergoldet, in der einen Hand das Zepter, in der andern die Weltkugel; sehen aus wie gebratene Universitätspedelle.
Heinrich Heine: ›*Die Harzreise*‹

Graf Koks lehnte sich behaglich in die weiche Ecke des warmen Coupés zweiter Klasse, das zu benutzen ihm seine Mittel gestatteten. Draußen der Gang des D-Zugwagens war gerammelt voll, er streckte sich wohlig auf seinem Sitz. Die Brotkartengesichter um ihn herum schliefen oder dösten. Er bat Aphrodisiaka, die ihm gegenüber saß, ein glückliches Gesicht aufzuziehen, was sie freundlich lächelnd tat, genoß die Vorstellung: fünf freie Tage, fern von Berlin – und schlug sein Lieblingsbuch auf, bei dessen Titel man schon das Schmunzeln bekam: ›*Collin ist ruiniert*‹ von Frank Heller.

Wie da Geschichte und – erdichtete – Realität durcheinander wirbelten und ineinander verwebt waren! Wie man bald nicht mehr aus noch ein wußte, kaum noch unterschied, ob Professor Pelotard eine Romanfigur oder ein wirklich existierender Mensch war, ob Ereignisse als gedruckt oder als gelebt zu gelten hatten, und von Gnaden welcher Phantasie eigentlich Lavertisse lebte und durch die Seiten wandelte! Der Weihnachtszug fuhr knackend über die Weichen, stieß polternd bei den Kurven an und nahm alle süßen Ecken mit … Wieviel gute Laune sang aus diesem Buch! Mit welchem Behagen war daran gearbeitet worden! Graf Koks hatte vergessen, wie der bürgerliche Name dieses Schriftstellers eigentlich lautete – auf alle Fälle war er schwer zu beneiden! Wieviel sanfte Nachmittage, leuchtende Morgen, braun hindämmernde Abende waren in dies Buch hineingenommen worden! Wie glatt mußte alles funktioniert haben, als der Autor sein Kind austrug: Wetter, Bankauszüge, Verdauung und die Dame seines Herzens! Eine unbändig gute Laune sprach aus allem: tausendmal machte der Fabulierer in der Fabel halt, verlustierte sich an bunten kleinen Einzelheiten und beschrieb mit ebensoviel Sorgfalt wie himmlischem Humor italienische Straßenszenen und spaßige Einzelheiten aus sicherlich erlebten, sehr sorglosen Tagen … Ja, das war ein amüsantes Buch.

Aufatmend legte er beiseite, was er glückselig lächelnd durchgekostet hatte … Goslar.

Wenn man ausstieg, war noch gar nichts. Goslar fing nicht am Bahnhof an; es war, wie wenn sich jemand auf einem Maskenfest in einem nüchternen Vorraum erst die Gummischuhe auszieht … Bahnübergang, graue preußische Backsteinbauten – aber dann, nach fünfzig Schritten: Lebkuchen, kleine Giebel, angeklebte Fenster, weicher Watteschnee auf den Spitzwegdächern – Regie: der Winter, und es war sehr hübsch inszeniert. Graf Koks und die Gräfin Koks wandelten leise erfreut durch die krummen Straßen, nahmen im Hotel Zur Goldenen Girlande Wohnung und zogen sich in ihre Appartements zurück.

Das gräfliche Paar strich unproduktiv und in keiner Weise zum Wiederaufbau Deutschlands beitragend die Straßen entlang. Dunkelblaugrau war der Weihnachtsnachmittag, sacht nahm der Beleuchter das Licht aus den Soffitten und verdunkelte langsam die Rampe … Die ersten Lichter in den Stuben zwinkerten.

Die Ausgestoßenen wandelten durch die Straßchen, keiner familienhaften Weihnachtsfeier teilhaftig. Der kalt glitzernde Schnee knirschte unter ihren Schritten, nur wenige Goslarer gingen hastig, bepaketet und festlich zur Eile getrieben, dahin. Durch die Fensterchen funkelten die Lichter der ersten Weihnachtsbäume, man ahnte die Freude, und wenn man genau hinhörte, roch es gebraten und warm.

Da feierten sie. Es feierte der sächsische Industrielle, der sich seine Tarifverhandlungen durch die Reichswehr führen ließ; es feierte der Offizier, der mit der einen Hand für die gefangenen Brüder an der Ruhr focht und mit der andern die Brüder aus Thüringen in die Schutzhaft sperrte, daß es nur so knackte. »Ihnen gilt in erster Linie unser Weihnachtswunsch nach Frieden und Freiheit«, hatte unser Reichskanzler durch den Rundfunk weitergegeben. ›Ihnen‹ – damit meinte er natürlich die in Thüringen und Sachsen. Oder war er auf eine andre Wellenlänge eingestellt? Da umstand den Weihnachtsbaum der Landgerichtsrat, der in Hannover einen kleinen ostgalizischen Devisenschieber zu acht Monaten Gefängnis verurteilt hatte; es zündete an die christlichen Lichter jener Richter, der Kaufleute freigesprochen hatte, weil sie einer Frauensperson aus Köln ob ihres Umgangs mit Franzosen die Zöpfe abgeschnitten hatten: sie alle feierten warm und wohlbehalten Weihnachten. Manche Fenster waren dunkel: vielleicht heulte hinter ihnen in der Kälte eine Frau, deren Mann in einem Gefängnisloch hockte, stumpfsinnig, und von Gott und dem Ausnahmezustand geschlagen, den sein Präsident über ihn verhängt hatte. Hatte sich Christus der Sünder erbarmt – der Wehrkreiskommandeur dachte über diesen Fall anders.

Das gräfliche Paar hob die Köpfe. Gesang? Gesang quoll über die Häuser, zog linde durch die schneidend kalte Luft. Und Orgelklang … Sie gingen ihm nach und kamen an eine Kirche.

Graf und Gräfin Koks traten ein. Weihnachten! Das hohe Fest der christlichen Kirche – wie wurde das gefeiert?

In einem steinkalten Raum standen lieblos geputzte Tannenbäume. Man sang recht und schlecht und falsch. Ein fahles Dutzendpublikum füllte die Bänke und machte hoffnungslos stumpfe Gesichter. Auf diesen Gesichtern stand: Brotkarte, Tarif, Wohnungsamt, Abbau, Tarif, schematischer Abbau, Tarifabkommen.

Ein Gehaltsempfänger in schwarzem Behang schritt auf die Kanzel und sagte auf, wozu er verpflichtet war. Aber getragen vorgebrachte Papiersätze sind noch kein Pathos, und so wurde auch dies keines. Nicht ein Wort, das einen anging, nicht ein Wort, aus dem die geistige Not dieser Zeit sprach – nicht ein Wort davon, daß so vieles zerbrochen, so vieles neu, aber unvollkommen geboren ward ... Zitate aus der (inzwischen verfilmten) Bibel zierten die Ansprache, und was darüber war, bewegte sich auf dem Niveau einer Weihnachtsbetrachtung des *›Berliner Lokal-Anzeigers‹*. Die Masse saß starr und stumpf; der einzige natürliche Laut in diesem Raum war das selbstvergessene Lallen eines Kindes, das, mit dem Finger im Mund, selig in die flimmernden Kerzen guckte und von Gott und diesen seinen Vertretern noch nichts wußte. Der sorgsame Küster hatte die Tür abgeschlossen, die gräflichen Besucher konnten nicht herausgelangen und hingen nun mit gekreuzten Beinen an den Lippen des verehrten Redners. Er sprach die angenehme und klare Mundart der niedersächsischen Gegend, die einen der saubersten Dialekte Deutschlands hat. Aber was er sagte, mußte selbst den jammern, in dessen Namen er zu sprechen vorgab ... Es war zum Gotterbarmen.

Das gräfliche Paar begab sich elastischen Schrittes auf den Heimweg. Oben, auf dem Turm der ...kirche stand ein Bläserchor und tat das Seine. Die kuppelüberdachte Plattform, die aussah wie die Spitze eines Baumkuchens, war schwach erhellt, weihevoll und erschröcklich schief drangen die Töne von »O du fröhlicheee« herunter in das Weltgewühl von mindestens zweiundvierzig Passanten. Das war hübsch. Welch ein Anachronismus, dieses Weihnachten! Man denke sich in den irren Lärm der drei berliner Börsensäle ein Weihnachtslied gespielt – es paßte nicht ganz dorthin. Aber man denke sich dort: *›Yes, we have no bananas!‹* – Rhythmus, Melodie und Text würden nur noch aufreizender, noch aufregender, noch bejahender wirken. Fatal, daß so viele Leute nur Weihnachten feiern, weil so viele Leute Weihnachten feiern.

Das Paar ging zur Ruhe. Gute Nacht.

Für den nächsten Tag war Schlittenfahrt angesagt. Wie gut, daß an der Wirtshaustür: »Denkt an die Schande von Versailles!« angeschlagen stand! Denn so war der schlechte, aber teure französische Rotwein, den es zum Frühstück gegeben hatte, erklärlich und bekömmlich gemacht. Draußen blus die Platzmusik aus leicht angefrorenen Posaunen, die Schellen auf den Pferdekopfbüschen vorm Schlitten klingelten – los gings.

Der Schnee »stand rieselnd«, wie Alexander von Villers sagt, der Schlitten klingelte sich zu Tal, und die ernsten, schweigsamen Tannen …

(Folgen zwei Seiten Landschaftsschilderung.)

Durch den weißen Schnee kamen einem Leute entgegen. Tarifgesichter; grau und gelb von Zimmerluft, verkniffen und gefaltet von vielerlei rechthaberischen Verhandlungen, paßten sie nicht einmal in diese Natur. In die Ecke, Stubenwesen – seids gewesen, seids gewesen …!

Nun ist der Harz allerdings nur noch ganz schwach mit Natur gefüllt. Da gibt es nichts mehr zu entdecken, da ist kein Neuschnee, da blüht nichts mehr unverborgen: kein Fußbreit Boden, auf dem nicht ein Sachsenschuh entlanggelatscht wäre, alles ist eingezäunt, mit Tafeln versehen, tausendmal erklärt und gänzlich ausgelaugt. Eine Stadtanlage.

Im Achtermann zu Goslar ist eine Bismarck-Nische. Von Historie geschwängert liegt die niedrige Decke bedeutungsvoll über den dicht mit Bildern besäten Wänden. Bismarck zu Pferde und Bismarck zu Friedrichsruh, Kitschonia, die Göttin der achtziger Jahre, beut gewänderumwallt dem reisigen Helden irgendeine symbolische Klistierspritze, und was der Kladderadatsch da an ranzigem Fett unter Glas und Rahmen zu hängen hat, das ist gar nicht zum Blasen. Immerhin fehlt auch eine handschriftliche Probe des Gewaltigen nicht: »Wenn der Deutsche sich auf sich selbst besinnen soll, muß er erst eine Flasche Wein im Leibe haben …« Heil!

Es wird überhaupt ein bißchen viel geheilt in Goslar. Die Zeitungen sind voll von Versammlungsberichten der Jungmannen verschiedenster Observanz. Stahlhelm, Jungdeutscher Orden, Bismarckbund und was sonst noch so in Preußen gut und verboten ist, tagt dort ununterbrochen. »Ein flottes Tänzchen beschloß die von echt deutschem Geist durchwehte Weihnachtsfeier.« Geleitet von Studienräten, Geistlichen und andern Jugenderziehern, die einer neudeutschen Jugend das ganze von den Romantikerepigonen entlehnte Vokabularium an den Kopf werfen, womit sie schon einen Weltkrieg verloren haben: noch mal! noch mal! Man denke sich ein dünnes Abziehbild der Original-Imitation eines Fichte-Kopisten, und man hat ungefähr einen Begriff von dieser Diktion. Nicht eine Spur von Selbsteinkehr, nicht ein Lichtlein Demut, Selbstkritik, Blick nach innen – vielmehr ein dummdreistes Geschrei gegen den Erbfeind, ein Gassenantisemitismus, der einen zum innigsten Verehrer des berliner Konfektionsviertels machen könnte, und ein rohes Gebrüll gegen die Arbeiter und für den Zwölfstundentag der andern. Die Herren selbst sind mit seiner lukrativen Organisation beschäftigt. Masochisten im Stahlhelm, umbrodelt von einer heidnischgermanisch-christlichen Bieranschauung.

Krumme Gassen, gaßauf, gaßab. Sie gingen hintereinander, weil das Trottoir so schmal war. Wie, wenn sich nun plötzlich eine Hand aus einer pfefferkuchenbraunen Tür streckte und die Gräfin wegschnappte, Koks merkt es erst an der nächsten Ecke, ruft angstvoll: »Aphrodisiaka!« – aber sie ist und bleibt verschwunden … Nein, hier ist Preußen. Märchenhaft sind nur unsre Richter. Sonst nichts.

Letzte Promenade durch die verwinkelten Gassen. Begreiflicher Hang der Bewohner, bei solchen Kulissen auch immer wieder die alten Stücke aufgeführt zu sehen. In einem Laden eine Uhr, nur aus Stroh, wie so vieles in diesem Lande. Eine Zeitung hatte die Nachricht gebracht: »Eine Violine aus Streichhölzern erbaut. Wiederum ein Beweis deutschen Fleißes …« Wobei zu bemerken, daß dort kein Satz mehr ohne dieses nicht geographische, sondern wertbejahende Adjektiv gedruckt werden kann. Eine echt deutsche Schmockerei!

Letzte Promenade, Winke-Winke, Abschied und Räderrollen. Durch vereiste Scheiben flimmern die Lichter Goslars.

Der Graf setzte sich wiederum in die Ecke, zog den Schelmenroman Frank Hellers aus der Tasche und sprach in seine kleine, aber wohlgepflegte Zigarre:

»Frau Gräfin, wir fahren jetzt in den zwanzigsten Jahrgang der ›*Weltbühne*‹ hinein! Zehn Jahre davon bin ich auch dabei gewesen, und es waren nicht meine schlechtesten! Das ist die einzige Stelle in Deutschland, wo man sagen kann, wie einem ums Herz ist, und wo ich immer die Wahrheit sagen durfte: ohne taktische Rücksichten auf Verleger, Inserenten und Leser und ohne jene maßlos törichte Feigheit der großen Presse vor ihrer eigenen ›Kulturmission‹. Komm, schreib an S. J. eine Ansichtskarte und gratuliere ihm: ahnungslos, aber herzlichst!« – »Und warum«, fragte die Gräfin, »sind Sie zur Zeit nicht mehr dabei, Herr Graf?« Da sah der Graf noch einmal von seinem Buch auf und sagte: »Weil die Zeit mir dagegen zu sein scheint. In einem schlecht geheizten Warteraum voll bösartiger Irrer liest man keine lyrischen Gedichte vor. Wenn irgendeiner uns in das Ausland unter richtige Menschen holt, damit wir erst einmal wieder einen klaren Kopf bekommen, Übersicht und Festigkeit, dann will ichs wieder versuchen. Bis dahin bleibt – über diese Sozialdemokratie, über Industriewegelagerer, Städteaushungerer und Schutzhaftgenerale, über den Bürgerpräsidenten Louis Philippe Ebert, über Radeks sitzengebliebene Zöglinge und Bayerns Ehrenwortfabrikanten – bis dahin bleibt nur eines:

Schweigen. Schweigen. Schweigen.«

Kritik über den lieben Gott

Der liebe Gott ist ein älterer Mann mit Rauschebart, in dem die Motten sitzen. Er steht morgens sehr früh auf, wie alte Leute zu tun pflegen, die nicht mehr recht schlafen können, wäscht sich schlecht und recht und regiert dann ein paar Stündlein. Nach Tisch druselt er ein bißchen vor sich hin, was ihm auch leider während der Arbeit hier und da unterläuft – um fünf Uhr schließt er unweigerlich. Abendgebete haben also keine Aussicht auf Erhörung. Um die Zeit gräbt der Alte seinen kleinen Garten um und ordnet seine Briefmarken.

Es muß einmal gesagt werden: Wir sind alle nicht mehr recht zufrieden mit dem alten Herrn. Was macht der Mann eigentlich den ganzen Tag –?

Er arbeitet in den Akten und telefoniert, das ist wahr – aber er ist vergeßlich wie der Kaiser Franz Joseph, mit dem er überhaupt eine fatale Ähnlichkeit hat. Er ist voll der kitschigsten Einfälle: er läßt eine Kuhmagd in Jarwischken eine Dollarerbschaft machen, verschollene Söhne kehren nach Jahren wieder und verloren geglaubte Briefe auch – aber alles zur Unzeit, alles zur Unzeit. Wenn ihm sein Hund Taps einen Aktenständer umwirft, kann es geschehen, daß er die Jour-Mappe stehen und liegen läßt und den ältesten Kram aufarbeitet.

So kommen die späten Erfüllungen zustande – und alle zur Unzeit. Leute verwarten die schönste Zeit ihres Lebens, die Börse ist durcheinander, und nicht einmal auf ihre Unzuverlässigkeit kann man sich mehr verlassen. Er hat so melodramatische Ideen wie diesen Krieg. Leichen sieht er nicht, für heulende Frauen geht ihm jedes Gefühl ab – schließlich kein Wunder in dem Alter … Kinder fallen vier Stockwerke tief herunter, und bald fehlt uns der Wein, bald fehlt uns der Becher. Über seine Haltung in den Jahren von 1914 bis 1918 wollen wir gar nicht reden, überall war er Vorsitzender des Aufsichtsrats, und wie hat er sich nachher benommen? Er beschützt die Falschen und segnet die Schlechten – er verläßt die Guten und fixt das Himmelreich.

So geht das nicht weiter. Die Versammlung wolle beschließen:

Die in der Bötzow-Brauerei versammelten Gläubigen sprechen dem lieben Gott ihr Mißtrauen aus. Sie hoffen und erwarten, daß er vom nächsten Quartalsersten an diejenigen Reformen und Verbesserungen im Himmel durchführt, die zur ausreichenden Umbildung der Metaphysik unerläßlich sind, widrigenfalls sie das Abonnement aufgeben. Insbesondere bedürfen die Registratur sowie die Bittschriftenabteilung einer völligen Neuordnung. Die Versammelten haben sich das nunmehr sechstausend Jahre mit angesehen, sind aber nicht gesonnen, die Unzulänglichkeiten des Systems auch fürderhin zu dulden.

Das walte Gott!

Büchertisch

Wie alljährlich, so breiten wir auch heuer für unsere Leser die Gaben der deutschen Literatur auf den Weihnachtstisch aus, damit jeder sich für die kerzenflimmernde Tanne das aussuchen möge, was ihm besonders am Herzen liegt. »Wer vieles bringt, wird manchem etwas bringen«, denken wir mit Oskar A. H. Schiller, und ist doch ein gutes deutsches Buch wie kein anderes geschaffen, ja bestimmt, neben dem nervenstärkenden Fußball und der Gesundheitswäsche auf dem Gabentische zu prangen. Wohlan –!

Da liegt uns zunächst Walter von Molos »Pankraz Lausebums« vor. Molo, der offenbar in seine dritte Schaffensperiode hineingetreten ist, hat uns hier sein Bestes, wo nicht Allerbestes gegeben. Der Leser lasse sich durch den Titel nicht irreführen: hier ist kein ›Roman‹ in der landläufigen Bedeutung des Wortes, eine lesbare, amüsante Unterhaltungslektüre – hier ist, wie sich das für einen deutschen Roman gehört, ein Problem aufgerollt. Das Problem dieses zähen Werks ist die Durchschauung der kosmischen Kultur schlechthin, im Wirbel der Folgehaftigkeit ihrer Geisteskonflikte – wahrlich: eine alle Heutigen tief bewegende Frage! »Jeder ist Partner, in allen Räumen des Seins!« – das lehrt uns dieser groß angelegte Roman, mit seinen spiralhaft empfundenen Typen, unter denen ein Verehrer Friedrichs des Zweiten ganz besonders gelungen sein dürfte. Niemand kann an diesem Roman vorbeigehen – er wird es immer aufs neue tun.

Dem zunächst steht Max Schelers »Persönlichkeitsrhythmus und Kulturgenius« (nicht wie in der vorigen Nummer irrtümlich angegeben: »Kulturrhythmus und Persönlichkeitsgenius«). Das Buch dieses tiefsten Kopfes unter der heutigen Philosophengeneration zeigt eine klare Einstellung zu den Dingen der Zeit: Scheler legt endlich den Unterschied zwischen dem Sein als solchen und dem Sein in Hegelscher Auffassung klar dar –

und wir wüßten nicht, was uns im Augenblick nöter täte. Die Haltung dieses echt deutschen Mannes im Krieg ist uns allen unvergessen – er setzt sie würdig fort.

Den Kriegsgeschichtler wird besonders »Zwischen Château d'Auve und Chemin des Embusqués« von Generalmajor Rudolf Marsch interessieren. Marsch weist hier überzeugend nach, daß die OHL im Jahre 1917 nicht, wie bisher allgemein angenommen wurde, den linken Flügel südlich Verdun zurückgenommen hat, sondern daß sie ihn nicht zurückgenommen hat – eine strategische Feststellung, die ein ganz neues Licht auf die Kriegsforschung zu werfen geeignet ist. Wenn die ausländische Propaganda ein klares Bild des deutschen Militärs haben will, so kann sie das am Marsch feststellen.

Mit besonderer Freude weisen wir auf Sven Fleurons »Sudebambel, Erlebnisse eines Mistkäfers« hin (bei Eugen Titerich, Gena). Die Kraft, mit der sich hier ein echter Dichter in das Seelenleben dieses mit Unrecht verachteten Tieres eingelebt hat, zeigt so recht, daß das germanische Tierbuch hoch über allen anderen steht. Nicht zu Unrecht sagt schon Hermann Löns in seinem Buch »Der Gewehrwolf« sowie Gorch Fock in »Erhöhung des Marineetats tut not!« – beide sagen fast übereinstimmend: »Die deutsche Seele flüchtet sich gern aus der harten Wirklichkeit des rauhen Alltags in das Paradies der Tiere.« Im Anschluß hieran machen wir auf die famose »Anleitung zu schwierigen Laubsägearbeiten« (bei Holzapfel, Eutin, in Mecklenburg) aufmerksam.

Die bekannte Operette ›*Anneliese von Dessau*‹ von Chaskel und Meirowitz hat Hans Harringer zu einem echt deutschen Roman inspiriert. Wie hier noch einmal alle historischen Figuren der Reihe nach vor uns auftreten, der derbgemütliche, aber herzensgute Herzog, das Anne-Liser'l, der Leibjäger Franz – nicht zu vergessen Friedrich der Große –: das bedeutet eine echt deutsche Herzstärkung in dieser so echt deutsch beschimmelten Zeit.

Josef Jansen hat ›*Das Nibelungenlied*‹ neu bearbeitet und uns damit etwas völlig Neues gegeben. Er hat sich nicht ganz an die zeitlichen Grenzen gehalten – so führt er aufs glücklichste in Wotans Sagenkreis Friedrich den Zweiten ein –, aber hier ist doch in mustergültiger reiner Prosa etwas Gewaltiges entstanden. (Broschiert 6,50.)

Die »Deutsche Volkheit des Volks der Deutschen« (bei Diederichs in Jena) setzt ihre Sammlung fort: sie wird volkhafter von Nummer zu Nummer, wie wir das so häufig antreffen.

»Als Mundschenk im Großen Hauptquartier« ist ein geschichtliches Dokument allerersten Ranges. Oberkellner Jensch hat es geschrieben, Arthur Doepler der Ältere hat die frischen Bildchen beigesteuert. Jensch war drei Jahre lang Obermundschenk bei Wilhelm dem Zweiten und ist also wie kein zweiter befähigt, über die Stimmung des Heeres Allgemeingültiges auszusagen. Nach ihm war die Stimmung bis zum Frühjahr 1917 ausgezeichnet – dann setzte langsam der Dolchstoß ein, ohne welchen wir seiner Ansicht nach noch jahrelang hätten kämpfen und durchhalten können. Ein echt deutsches Buch.

Gleichfalls einen geschichtlichen Rückblick – wenn auch etwas trüberer Art – gibt Parteifunktionär Albert Konzowski (Leipzig) über die traurigen Tage um den 9. November. Nach ihm hat die Sozialdemokratie das Verdienst, den Bolschewismus zurückgedämmt zu haben; so berichtet Konzowski von einer Äußerung Eberts, der im Januar 1919 zu ihm (Konzowski) gesagt habe: »Albert – noch zwei solcher Siege wie die über Liebknecht und Luxemburg, und wir haben gesiegt!« Ein lehrreiches Büchlein.

Die Gymnastik pflegt: »Mit Blitzlicht und Büchse durch Mary Wigman« – mehr dem Sport zugewendet ist: »Anleitung zur Anlegung von Jahrestabellen und Leistungsprüfungsverordnungen in der Hochschule für Leibesübungen« von Reichsobersportwart Hagedorn.

Das Kochbuch von Dr. theol. hon. caus. Hedwig Heyl ist in achtzehnter Auflage erschienen – moderne Speisen, wie »Falscher Hase nach altem Fritz« und »Verlorne Eier nach Ludendorff«, würzen die Neubearbeitung.

Fügen wir noch Erich Rümelins »Der Zivilprozeß bei den Tungusen« und das entzückende Bilderbuch »Wenn du groß bist, Fridolin – kommt der Uhu zu dir hien!« sowie »Was junge Mädchen kurz vor der Hochzeitsnacht wissen müssen« hinzu – so haben wir wohl des Guten und Besten genug aufgezählt.

So zeigt sich auch hier wieder, daß der Born deutscher Kunstkraft auch in diesem Jahr unverstopft quillt, und daß Künstler, Schriftsteller und Dichter ihre Zeit so recht verstehen – so daß auf Deutschland das Dichterwort:

»Seine Sorgen und Rothschilds Geld«

die vollste Anwendung finden dürfte.

Und für Hänschen ein Buch … aber welches?

Wenn mein Papa mit dem Rufe »Julklapp!« ein Weihnachtsgeschenk nach dem anderen durch die Tür feuerte (was ein alter Brauch in Pommern und in Mecklenburg ist, wenn ich nicht irre) – dann bestimmt ein richtiges, dickes Jungenbuch dabei. So eines, das vor Neuheit klebte, wenn man vorsichtig die bunten Drucke mit den edlen Indianern und den kolorierten Generalen von den Textseiten zu lösen versuchte … Das hieß »Die Skalp-Jäger« oder »Der gute Kamerad« – nun. Sie kennen das.

Ich denke, daß die Jungen, die heute zehn und fünfzehn Jahre alt sind, älter sind, als wir es damals waren; diese Generation hat zuviel gesehen, um unberührt zu sein, sie weiß von zu vielen Sorgen und von sehr viel Technik. Was mag wohl solchen Jungen Spaß machen, wenn sie lesen wollen?

Da wäre ein gutes Jugendbuch zu empfehlen, und wenn ich dabei mitgetan habe und nun auch noch öffentlich davon spreche, so geschieht das, weil ich diese Art von Tendenzlosigkeit durchaus bejahe: es geht ein anständiger Ton durch das Buch, dessen Herausgeber dem jungen Menschen nicht huldvoll auf die Schultern klopfen, sondern die auf saubere Art unterhalten wollen. Mir scheint, daß ihnen das gelungen ist. Das Buch heißt »Jugend und Welt« und ist im Verlage von Williams & Co. zu Berlin-Grunewald erschienen. Wäre ich noch ein Junge: ich würde längelang auf der Erde damit liegen.

Wenn man will, ist der Band so eine Art Kindermagazin: voll von Fotos, bunten Bildern, Maschinen, spannenden Geschichten und einer Menge Kleinkram, der der Jugend, solange es eine gibt, immer Spaß gemacht hat. Filmtricks und Abenteuer, Erzählungen aus allen Weltteilen, Preisaufgaben und Späße und auch Beiträge von Elf- und Zwölfjährigen …

In Klammern für die Erwachsenen: wieviel Arbeit hinter solch einem Werk steckt, ahnt kaum einer, und man soll es auch gewiß nicht merken. Nichts nämlich ist in Deutschland schwerer zu haben als das ganz Einfache, das, was jedes Kind verstehen kann – das Voraussetzungslose. Es sind ein paar, auch für den Erwachsenen, und gerade für ihn, sehr interessante Stücke in dem Band: so erzählt Brecht die Erlebnisse des Boxers Samson-Körner wieder (mit dem ungemein bezeichnenden Satz: »Es ist das Wichtigste im Leben, daß man in Betracht kommt!«) – und der Ton, in dem er eine an sich kleine Geschichte erzählt, ist gut getroffen. Es ist seiner.

Was in dem Band an Belehrendem steckt, ist so geschickt verarbeitet, daß sich niemand belehrt fühlt; denn prompt überschlägt jeder richtige Junge und jedes frische Mädchen »pädagogisch« aufgetakelte Kapitel. Hier gibt es nichts zu überschlagen – so, wie man die guten, alten Kinderbücher in jeder Spanne seines Lebens lesen kann, so scheint es mir ein gutes Zeichen zu sein, wenn auch unsereiner so ein Jugendbuch mit dem größten Interesse liest. »Wir hatten mal einen Lehrer«, von dem Zeichner Fritz Wolff entzückend erzählt und bebildert, ist eine kleine Kostbarkeit, die auch heute noch gilt, wenngleich sich in der Schule seitdem so vieles zum Besseren gewendet hat. Es sind sehr witzige Denksportaufgaben in dem Buch, und eine Darstellung wie »Die Zeitung« von Wolf Zucker ist beste, allerbeste Erziehungsarbeit für keine Partei – es sei denn für die der anständigen Menschen.

Der Bilderteil ist gut und läßt den Betrachter nicht locker, am besten die Fotografien; für die Bilder ist zu sagen, daß man für Kinder gar nicht naturalistisch genug »durchzeichnen« kann, wie es etwa die englische Illustrationstechnik der Magazine tut. Ein Kind will genau sehen und mit dem Finger darüber hinfahren: da muß ein Fisch ein Fisch sein und ein Kuli ein Kuli. Übrigens ist auch vom Verfasser des bekannten »Dr. Doolittle« etwas zu lesen, und sogar etwas sehr Hübsches.

Kurz: Es geht also. Es muß nicht immer für die Jugend mit Pauken und Trompeten die imperialistische Trommel gerührt werden, und wenn es so etwas wie ein demokratisches Jugendbuch im besten Sinne geben kann: hier ist eines.

Pariser Weihnachten

Der »Père Noël« wird merkwürdigerweise immer populärer – so ist das früher nicht gewesen. Denn früher war es der Neujahrstag, der »Jour de l'An«, an dem man sich Geschenke machte. Wohl fanden am ersten Weihnachtstag die französischen Kinder Geschenke in ihren Schuhen, die sie am Kamin aufgebaut hatten – aber der Tannenbaum war natürlich nicht da, die Weihnachtskerzen auch nicht, und überhaupt nichts von dem, was seinerzeit auf deutscher Seite den großen Krieg mit beenden half: Weihnachten zu Hause zu feiern. (Doktorarbeit: »Das deutsche Familiengefühl in der Weltgeschichte.«) Das also hat es alles in Frankreich früher nicht gegeben – aber jetzt ist da langsam eine Wandlung eingetreten. Die großen Warenhäuser veranstalten Weihnachtsausstellungen, deren Schaufenster schon auf den Straßen umlagert sind; Barrièren sind errichtet, Schutzleute regeln den Verkehr, und die Kinder bekommen Blitzaugen, in denen sich Geblendetheit, Habsucht und Zauberstimmung gar anmutig mischen. Es ist wohl der englisch-amerikanische Einfluß, der Paris so wandelt; langsam geht diese Wandlung vor sich, sachte, Schritt vor Schritt, unerbittlich. Es gibt französische Nachahmungen des englischen Christmas-Pudding, vor denen uns Gott behüten möge, und die Sitte, Weihnachten anders zu begehen als früher, nimmt zu. Da stehen schon Tannenbäume auf den Straßen, hauptsächlich im Fremdenviertel, also um die Madeleine herum – das Warenhaus am Louvre hat sich eine sehr gute Lichtreklame ausgedacht: an seiner Fassade am Palais Royal, in dem das »Institut pour la Coopération Intellectuelle« wohnt, steigen ununterbrochen Raketen auf und zerplatzen in bunter Lichterfülle – eine Sache, die sehr viel Geld gekostet haben muß. Aber es kommt wieder herein. Die Warenhäuser sind voll; die mäßig bezahlten Angestellten haben zu tun, daß ihnen der Kopf schwirrt, und obgleich die Inflations-Fremden abgewandert sind, gehen diese Art Geschäfte – im Gegensatz zu fast allen anderen, die recht still sind – gut, sogar sehr gut.

Die Restaurants rüsten zum »Réveillon«. Das ist das traditionelle Festessen in der Silvesternacht. Zu Silvester liegen die Boulevards fast leer; alle Welt ist zu Hause oder in den Restaurants, wo das Essen besonders teuer und besonders mäßig ist. Da es kein französisches Wort für »gemütlich« gibt, so fehlt auch der Begriff – und es ist immer wieder merkwürdig, zu beobachten, wie sich um einen Tisch jene undefinierbare Atmosphäre herstellt, »où on s'installe«, jeder Tisch eine kleine Heimat. »Réveillon« ist eine Sache, die ganz Paris für ein paar Stunden verändert – am 1. Januar sinkt es wieder in seine Gewohnheiten zurück; in die bewegte Stille seiner Quartiers, die kleine abgeteilte Städte sind – alles wird wieder so, als wäre nichts gewesen.

Doch, etwas war. Im ganzen Monat Dezember klingelt ein Mann nach dem anderen an der Wohnungstür, Köpfe von Frauen tauchen auf, Leute, die man das ganze Jahr über nicht zu Gesicht bekommt, sind plötzlich da. Sie bitten um die »étrennes«, um das Weihnachtsgeld, um das Neujahrsgeld, wie man will. Der Briefträger. Die Zeitungsfrau. Die Bäckerjungen. Der Mann von der Müllabfuhr. Der Telegrafenbote. Der Drucksachen-Briefträger. Der eingeschriebene Briefträger. Der Postminister war merkwürdigerweise nicht da … Wohl aber: Seine Majestät, der Herr Hausmeister. Der Concierge. Frankreich ist ein freies Land, sagen die Leute. Das mag, für viele Gebiete, richtig sein. Daß sich aber eine Stadt wie Paris Tyrannei dieser Hausmeister gefallen läßt, ist etwas, das ich – auch nach jahrelangem Aufenthalt in dieser schönen Stadt – niemals begriffen habe. Er bittet nicht um die »étrennes« – er verlangt sie, traulich, auf die unsichtbare Pistole gelehnt, die jeder Mieter kennt. Denn jeder pariser Hausmeister ist ein Beobachter deines privaten Lebens. Er weiß alles. Durch ihn gehen alle Briefe. Er fängt deine Besuche ab. Er kann dich so maßlos schikanieren, daß es besser ist, du ziehst aus, als einen vergeblichen Krieg zu führen, den du unweigerlich verlierst. Und von seinen Beziehungen zur

Polizei will ich gar nicht sprechen. Doch, ich will davon sprechen. Eine mir befreundete Engländerin fand in ihrem »dossier«, in ihrem Aktenstück, das über alle Fremden und über alle wichtigen Franzosen auf der Polizei geführt wird, diese kleine Eintragung: »Empfängt viele Leute von Welt, schläft aber nur mit einem dekorierten Herrn …« folgte der Name. Für jeden Kenner war klar, woher diese Angabe stammte. Vom Hausmeister. Aus Glas sind deine Wände, dein Privatleben ist keines, *er* bringt es an den Tag. Hüte dich! Und gib ihm – und vor allem ihr – reichlich zu Weihnachten, zu Silvester und zu Neujahr. Es ist dein Vorteil; man kann nie wissen; hörst du die Butter auf deinem Kopf schmelzen?

Um all das kümmert sich die französische Provinz so gar nicht – wie ja überhaupt die französische Provinz von Paris himmelweit verschieden ist. Einer der bedeutendsten französischen Literaturkritiker, Thibaudet, hat neulich einmal gesagt: »In Paris wird das Geld ausgegeben. In der Provinz wird es verdient.« Ah, es wird nicht nur verdient: es wird Billet auf Billet gelegt, Geiz ist das Nationallaster, und hier sehen die etwas schenken. Sie tun es übrigens nicht.

Nun kommt Weihnachten; mit einer kühnen Sprachwendung sagt man: »Nous allons réveilloner!«, und wer klug ist, kocht sich seins zu Hause. Wir wollen einen mild-spritzigen Vouvray trinken, einen Wein, den sie nicht exportieren, und in dem ganz Frankreich ist: milde Süße, Sonne und die Ausgeglichenheit einer fröhlichen Welt.

Kritik aus der Erinnerung

Bei Tante Friedeberg in Stettin stand auf dem Schreibtisch die Sonne meiner Kindheit: eine kleine Glaskugel mit einem Weihnachtsmann drin. Wenn man die Kugel auf den Kopf stellte, so daß ihre Marmorplatte, auf der sie saß, zu oberst kam, dann fing es an, in der Kugel zu schneien. Es war eine einzige Herrlichkeit. Stellte man die Kugel wieder auf den Tisch, so fuhr es fort, zu schneegestöbern. Langsam, ganz langsam setzten sich die Schneeflocken dem Weihnachtsmann auf die Mütze, auf seinen Ruprechtssack und auf den Boden der Kugel … sachte, sachte. Erst wenn sie sich alle gesetzt hatten, sah man wieder klar. Erbarmungslos klar: der Weihnachtsmann war eine kleine Murks-Puppe, und die Schneeflocken Schnipselchen aus irgendeiner Masse. Abwarten ist immer gut.

Über die Reinhardtsche Inszenierung des Hamsunschen ›*Vom Teufel geholt*‹ ist das Entzücken groß; das etwas schwer zugängliche Stück soll sogar ein Geschäft sein. Das buchen die mitwirkenden Schauspieler auf ihr Konto, Reinhardt auf das seine, ein Jammer, daß die Leute dem Autor Tantiemen zahlen müssen: der Abend ist gut besucht, obgleich man sein Stück spielt … Was geht da vor –?

Nun haben sich die Flocken gesetzt, die berliner Stimmen sind verhallt, ich sitze in der Stille, und aus den bunten Mappen kommen die Erinnerungen …

Hamsun? Es war wildgewordenes Wachsfigurenkabinett; Spezialitätentheater von wundervollen Chargen – es war, in einer kleinen Glaskugel: Deutschland; herrliche Einzelleistungen, aber ohne Harmonie. Ist das noch Theater? Es ist nur Theater.

»Das Theater«, hat Reinhardt dekretiert, »gehört dem Schauspieler.« So ähnlich sagte Gordon Craig auch, nur mit ein bißchen andern Worten – und beide haben von sich aus gegen uns recht. Das Publikum will die dramatische Erschütterung, weinen will es und lachen, bewegt sein will es, und zwar in Gefühlen, die latent schon vorhanden sind und die nur darauf lauern, daß man sie ins Freie läßt – geschaffen werden soll hier nichts, hier soll einer vorhandenen Menagerie Futter gegeben werden ... Gut. Aber wenn dem schon so ist: dann sollte es wenigstens sauber zugehen.

Das Stück Hamsuns, der von Hause aus kein Dramatiker ist, stammt von gestern und wurzelt auch dort. Warum soll im Jahre 1929 eine Frau Mitte der Vierziger aufschreien: »Ich kann nicht loslassen! Ich kann nicht loslassen!« – Wer verlangt das von ihr? Sie kann, verheiratet oder nicht, schlafen mit wem sie mag; dergleichen ist nicht mehr sehr interessant, denn die Welt sieht ja nicht so aus, wie eine unsägliche Provinzpresse sie ihren bürgerlichen Lesern, die auch inserieren, vorspiegelt ...

Dann soll man also das Stück Hamsuns nicht mehr spielen? Dann soll man es nicht mehr spielen. Aber ummodeln, Melodien hineinstreuen oder fortlassen, mit Verlaub zu sagen: fälschen – das soll man nicht. Brauchte Reinhardt den alten Gihle als fröhlichen Weinbergbesitzer? Das kann man verstehen; nur hat dergleichen mit Hamsun nichts zu tun. Ich sehe ordentlich den Regisseur im Parkett sitzen und jeden Hauch der bezaubernden Komik Romanowskys abschmecken ... was der da vorführt, ist milde und mundet schön; aber wäre Hamsun da gewesen: er hätte sich in Krämpfen gewunden. Dieser alte Gihle ist in Wahrheit ein böser Monomane in Filzbabuschen, das Herz verhärtet wie sein Stuhlgang, ein böser, alter Mann. Der Nabob Klöpfers ... es gibt in einem Stück von Curt Goetz eine der schönsten Regie-Anmerkungen, die ich jemals gefunden habe. Es heißt dort: »Herr Müller ist kein jugendlicher Komiker; sondern Ingenieur.« Das sollte man den Herren Schauspielern in die Garderoben malen. Klöpfer hatte eine Rolle (mit vier Rs) unter den Händen, er krempelte sich die Ärmel auf, tauchte die Arme bis zu den Ellenbogen hinein, wurde von Reinhardt am äußersten gehindert ... und gab nur sich selbst: einen guten Schauspieler. Nabob? Kaufmann, der in die Heimat zurückkommt? Abenteurer? Nichts davon. Manchmal hatte er nichts zu sagen; dann saß er still und ließ nur seine Augen spielen ... und dann, wenn das Stichwort herannahte, gab es ihm einen Ruck, das Schauspielerische fuhr in ihn, und nun begann er zu spielen. Viel Kunst fürs Geld.

Da ist ein von den Weibern ausgehaltener Kerl, Herr Blumenschön ... warum wird er von den Weibern ausgehalten? Weil er – am Tag und bei der Nacht – Charme hat; sonst wäre dergleichen nicht erklärlich. Herr Homolka gibt einen düstern und rohen Patron; weshalb um alles in der Welt verlobt sich ein nettes Mädchen mit ihm? trägt eine mannstolle ältere Dame ihr Geld zu ihm? alles, weil er so unausstehlich ist?

Da ist ein Leutnant ... diese Rolle hat einmal Biensfeldt gespielt ... täuscht mich die Erinnerung? Aber so kann sie nicht täuschen: Biensfeldt trat auf und war ein unglücklicher Mensch; schief verliebt, versoffen, er verstand die Welt nicht mehr – und was sehen wir hier? Eine Operettencharge, die von allen Direktoren reihum engagiert wird, damit sie immer wieder dasselbe spiele: sich, den Herrn Julius Falkenstein – leicht daran erkennbar, daß er spricht wie ein in die Erde gegrabener Mensch, mit Glatze und hohler Stimme. Also angetan hat er herauszukommen, damit das am Tage stark beschäftigte Publikum gleich wisse und mit einem leisen Rauschen quittiere: »Falkenstein!« – Hat dergleichen noch mit Schauspielkunst zu tun?

Da ist der Musiker Fredriksen. Nie, seit die Welt steht, hat sich ein noch so betrunkener Musiker so bewegt wie Herr Sokoloff; da ist das kluge Fräulein Mosheim, dessen aufgeweckt berlinische Augen vernünftig über das Ganze hinwegsehen, die Augen sind anscheinend gar nicht mit engagiert; da ist, leise und unaufdringlich, Paul Graetz ... aber sagt mir doch, was das alles mit Hamsun zu tun hat?

Gut, nicht mit Hamsun. Also dann: das wäre Theater? Das ist gefüllte Milz – nicht Theater. Selbst so eine Leistung wie die Lucie Höflichs macht dergleichen nicht gut; einziger Augenblick, wo das Dichterische zu spüren ist, ihr Schlußwort; wie sie zu dem Neger ihr gefärbtes Willkommen spricht –: das ist große Schauspielkunst. Aber sonst schauert es nicht von der Bühne herunter: wie nüchtern die Rauschszene im Restaurant, wo Komik und Grauen ineinander übergehen sollten und wo Leere ist, ausgefüllt von den Mätzchen der Schauspieler. Diese Figuren werden ruckweise dem Gelächter eines nervösen Publikums preisgegeben, das ja gar keine Tragik will. Hamsun wird verraten – denn Hamsun macht sich gar nicht über diese Provinzialen lustig. Bei Reinhardt taucht eine Horde von mehr oder minder bunt ausgetuschten Trotteln auf – wildgewordene Chargen wie jener Onkel Theodor, der dem alten Gihle nachoperettelt …

Man hat zu wählen.

Entweder das Theater stilisiere, wie es die Japaner tun. Dann spielt es sich auf einer völlig andern Ebene ab als die ist, der das Publikum grade entronnen ist –: hie Spittelmarkt – hie Stil. So machts Chaplin, so macht es eigentlich jedes Theater der Welt.

Eine Unterart dieser Stilisierungskunst – nicht, wie Holz gedacht hat, ihr Widerpart – ist das naturalistische Theater. Wenn aber schon naturalistisch; wenn schon genaue Nachbildung von Gaslampen und Inneneinrichtung –: dann wenigstens richtig. Ihr seid zu dritt in deinem Arbeitszimmer; Paul geht hinaus. Nun ruddelst du mit Erna über Paulchen. Sag mal: siehst du dann wie gebannt in die Tür hinein, die jener grade hinter sich zugemacht hat? Du denkst gar nicht daran: du siehst Ernachen ins Gesicht und klatschst munter über Pauleken. Und so hundertmal – was sind das alles für lächerliche Schauspieler- und Theatergebräuche, die man nicht mehr sehen mag …

Ja, wer mag sie nicht sehen –? Das ist die große Frage. Vielleicht hat Reinhardt Unrecht; seine Kassenrapporte aber haben recht. Tritt im Theater und auch bei Reinhardt ein Dienstmann auf, so tritt die ewige Idee des Dienstmanns auf – immer, immer derselbe; vielleicht einmal, in den achtziger Jahren vage beobachtet – und nun ewig, ewig kopiert, immer derselbe, immer derselbe: die Charge, nicht das Leben. Oder ihre neurasthenische Umkehrung: der, ders anders macht. Aber vielleicht verstände das Publikum die neue Nuance gar nicht? Vielleicht gehen die Leute gar nicht mit, wenn ihnen einer zeigte, wie sie wirklich sind? Pallenberg hats ihnen so oft gezeigt; ich glaube, daß sie doch am meisten dann lachen, wenn er sich gewollt dem Schema nähert ... das verstehen sie, das geht ihnen ein, da fühlen sie sich sicher. Unser Theater ist, wenn es sich naturalistisch gibt, Bürgertheater von 1890, mit einer leichten, wenig regenfesten Farbe bestrichen. Kratze das Theater – und du hast die veraltete Klasse, die es geschaffen hat.

Dies ist zunächst keine politische Frage – denn es sieht auf der linken Seite nicht gar so viel besser damit aus; da machen nur die Maschinen mehr Radau. Aber ist das noch Hamsun, ist das noch Theater, wenn in so einem Stück, das gefälligst im Dunkeln zu phosphoreszieren hat, jeder Schauspieler aus seiner Rolle ein ›Kabinettstückchen‹ macht? Im Bühnenklub sagen sie »Stibinettskackchen«, und das ist es auch.

Und nun noch ein holpriger Text, über den man alle Naselang stolpert, und dann Hamsun als Vorwand für ein lebendig gewordenes Wachsfigurenkabinett –: es ist nie gut, wenn eine Institution sich selbständig macht.

Da war der Abschied von Berlin viel besser. »Carows Lach-Bühne« am Weinbergsweg – diß wah nu janz richtich.

Erst haben sie uns beinah verhauen: den Tisch bekamen wir nur, weil es hieß, Jannings sei mit uns; einer fragte, ob ich es wäre, und einen Herzschlag lang verspürte ich, wie schön Ruhm sein müßte – und dann kam Aemil nicht, und dann machten die das Feld geräumt habenden Leute Krach, und der Direktor Carow legte sich begütigend ins Mittel ... Ein schmaler, nicht sehr großer Mann mit ernsten dunkeln Augen, so ein bißchen nach Buster Keaton hin, sehr still, sehr leise ... ab. Wir dürfen den Tisch behalten.

Und lassen ein infernalisch-langes Programm über uns ergehen: Steptänzer; eine sehr gute Akrobatengruppe; ein unsägliches Melodram, in der umfangreichen Hauptrolle die ebensolche Frau Direktern; ein Komiker, über den das Publikum jucheit … Das Publikum freut sich überhaupt über alles, am meisten die Frauen, bei denen der Analhumor jeden andern hinreichend vertritt – Überschrift: das Familienprogramm. Und immer noch eine Nummer und noch eine und noch eine …

Die Mitternacht zieht näher schon … da fängt die Original-Posse ›*Frau Feldwebel*‹ an. Carow hat sich vorher entschuldigen lassen; er spiele, sei aber erkältet … Na, da möchte ich ihn mal sehen, wenn er nicht erkältet ist; das überlebte man wohl mitnichten. Seit Karl Valentins Orchestermitglied habe ich nicht so gelacht.

Eine Militärposse? Unmöglich, sollte man meinen. Die Assoziationen sind zu schmierig – man will das nicht. Und nun noch eine aus der Vorkriegszeit. Und nun noch eine, in der doch gewiß, hier und vor diesem Publikum, kein Antimilitarismus gemacht wird; mir wurde leicht flau. Aber jener kam, stolperte, schwang ein paar große alte Stiebeln, die er jedennoch ›jeknillt‹ haben wollte – und wir waren in Chaplins siebentem Himmel.

Was da herausgestottert kommt, hat mit Militär überhaupt nichts mehr zu tun. Hier ist die Stilisierung über jene Grenze hinausgeführt, die den Menschen von dem menschenähnlichen Ding: dem zur Schau Spielenden trennt – hier ist ein mit Reismehl bestäubter Clown, mit kleinen schwarzen Kreuzchen, wie sie Trier den Clowns als Augen zeichnet, mit zwei dünnen, garnisondienstfähigen Beinen, und einer Schnauze –! Frechheit plus Güte plus Idiotie plus Verschmitztheit plus völliger Ignorierung des Militärs –: ein berlinischer Schwejk.

Der berliner Jargon nennt den ›bunten Komiker‹ mit der Kittneese eine ›Klamotte‹. Ist Erich Carow eine Klamotte? Ja, das ist er auch – aber er ist doch noch viel mehr. Nun wollen wir gewiß nicht hingehen und, wie gehabt, den neuen Heiland entdecken; das kann man nach einer einzigen Rolle überhaupt nicht beurteilen, das erste Mal wirft einen jeder gute Komiker um. Das aber ist er unzweifelhaft.

Er ist vor allem einmal eines, was hierzulande so unendlich

selten ist und was man dort am Weinbergsweg zu allerletzt erwartet hätte: er ist leise. Er ist ganz leise und federleicht und in den gröbsten Momenten, grade in denen, zart. Auch hört man ihn denken – was nicht immer ganz einfach vor sich geht: die Maschinerie in seinem Kopf dreht sich hörbar, wenn auch nicht stets mit dem gewünschten Resultat. Das ganze Gesicht denkt mit … Und wenn die Situation dann unrettbar verquatscht ist, so durcheinander, daß sie niemand mehr lösen kann, dann steht er vor dem Herrn Feldwebel, der genau so groß und schnauzbärtig aussieht wie der Böse Feind bei Chaplin, steht da und sagt ganz leise zu sich selber, als inneres Kommando: »Abtreten!« und will es auch blitzschnell tun, bis ihn der Feldwebel am Kragen nimmt und noch einmal ans Rampenlicht zieht. Und das ganze Malheur beginnt von vorn.

Was quatscht dieser Mann! was brabbelt er vor sich hin! Wie holt er aus tiefen Denkpausen unauslöschliches Gelächter, so, wenn er – großer Witz! – den Soldaten Neumann als den »neuen Hauptmann« anmeldet, der Feldwebel bekommt einen Bombenschreck, merkt zu spät, daß er genarrt worden ist, und brüllt den unschuldigen Neumann an. »Sie Himmelhund …! Haben Sie …?« – Nein, der hat nicht Der Rekrut Kaczmarek hat. »Komm mal her!« Nun kommt es heraus. Und in diesem Moment, wo er doch alles verbockt hat, dreht sich Carow zu Herrn Neumann, sieht ihn, der gar nichts dafür kann und demgemäß stramm steht, von oben bis unten an und spricht ganz leise: »Du bist doch ein dämliches Schwein –«

Und ich muß sagen, daß ich meinen schönsten berliner Theater-Augenblick im Weinbergsweg 20 hatte; Wahrheit muß sein. Es ist jener Augenblick, wo sich Soldat Carow einem seiner Vereinskollegen zuwendet, der mit der Nichte des Herrn Feldwebel ein zartes Abenteuer gehabt hat, ein harmloses, sagen wir es laut, aber eines, das sein Kommißherz arg verstört hat. Davon weiß Soldat Carow. Es hat auch schon einen großen Krach bei Feldwebels gegeben, mit allen Verwechslungen, die nur möglich sind. Aber das hat Carow im Augenblick vergessen; was heißt hier Feldwebel und Kasernenhof …! Soldat Carow nähert sich dem Kameraden, ganz dicht tritt er an ihn heran, seine Äuglein glitzern, das Wasser läuft ihm schmeckbar im Munde zusammen, ein Induktionsstrom der Lust durchzuckt ihn, zugegeben: er, Carow, hat ja von der alten Liebesaffäre nichts gehabt, das ist wahr … aber der andre? Vielleicht ist der andre – Mann ist Mann – der Sache näher gekommen? Nun hat er sich an dessen Ohr gedrängelt, es ist totenstill in dem rauchigen Stall, und Carow spricht. »Willy«, sagt er, »hast du mit ihr –?«

Das wurde nicht nur ›gebracht‹ – das ›war da‹, um einen Bühnenausdruck zu gebrauchen, und es war gar nicht als Zote da. Es war: Humor, Ironie über diesen Humor, Mitfreude, die sich in den Bart sabbert … Gülstorff hat in der Schimekischen um Pallenberg etwas Ähnliches gemacht. Und dann geht es alles drunter und drüber; ich besinne mich nur noch, wie alle: Hinlegen! Aufstehn! Hinlegen! Aufstehn! spielten und wie Carow, der natürlich nicht dabei war, ganz schnell durch die pappene Tür gewitscht kam, ein Mondstrahl unendlicher Schadenfreude ging über sein Rekrutengesicht, um eines Auges Blinzeln zu spät sah ihn der Feldwebel, raus war er, und dann bläst ein Signal, so recht militärisch, ernst, voller Pflichtgefühl – und Carow, der keinen Ernst Jünger gelesen hat und kein nichts und kein gar nichts, kommt herein und spricht zu den reisigen Helden, die um den Feldwebel herumturnen: »Ihr sollt alle essen kommen!« – Nein, mit Militär hat das nichts zu tun.

Um so mehr aber mit einer merkwürdig routinierten, volkstümlichen, einfachen und doch an der Spitze ganz leise ins Himmlische umgebogenen Schauspielkunst. Und während sich in der Schneekugel meiner Erinnerung die berliner Flocken langsam legen, sachte, ganz sachte – höre ich eine leise Stimme, die sagt:

»'ck ha die Stiebeln aba jeknillt, Herr Feldwebel – 'ck ha se a jeknillt –!«

Himmlische Nothilfe

»Wat denn? Wat denn? *Zwei* Weihnachtsmänner?«

»Machen Sie hier nich sonen Krach, Siiie! Is hier vier Tage im Hümmel, als Hilfsengel – und riskiert hier schon ne Lippe.«

»Verzeihen Sie, Herr Oberengel. Aber man wird doch noch fragen dürfen?«

»Dann fragen Sie leise. Sie sehn doch, daß die beiden Herren zu tun haben. Sie packen.«

»Ja, das sehe ich. Aber wenn Herr Oberengel gütigst verzeihen wollen: woso zwei? Wir hatten auf Schule jelernt: et jibt einen Weihnachtsmann und fertig.«

»Einen Weihnachtsmann und fertig ...! Einen Weihnachtsmann und fertig ...! Diese Berliner! So ist das hier nicht! Das sind ambivalente Weihnachtsmänner!«

»Büttaschön?«

»Ambi ... ach so, Fremdwörter verstehen Sie nicht. Ich wer Sie mal für vierzehn Tage rüber in den Soziologenhimmel versetzen – halt, oder noch besser, zu den Kunsthistorikern ... da wern Sie schon ... Ja, dies sind also ... diese Weihnachtsmänner – das hat der liebe Gott in diesem Jahre frisch eingerichtet. Sie ergänzen sich, sie heben sich gegenseitig auf ...«

»Wat hehm die sich jejenseitich auf? Die Pakete?«

»Wissen Sie ... da sagen die Leute immer, ihr Berliner wärt so furchtbar schlau – aber Ihre Frau Mama ist zwecks Ihrer Geburt mit Ihnen wohl in die Vororte gefahren ...! Die Weihnachtsmänner sind doppelseitig – das wird er wieder nicht richtig verstehen – die Weihnachtsmänner sind polare Gegensätze.«

»Aha. Wejen die Kälte.«

»Himmel ... wo ist denn der Fluch-Napf ...! Also ich werde Ihnen das erklären! Jetzt passen Sie gut auf: Die Leute beten doch allerhand und wünschen sich zu Weihnachten so allerhand. Daraufhin hat der liebe Gott mit uns Engeln sowie auch mit den zuständigen Heiligen beraten: Wenn man das den Leuten alles erfüllt, dann gibt es ein Malheur. Immer. Denn was wünschen sie sich? Sie wünschen sich grade in der letzten Zeit so verd ... so vorwiegend radikale Sachen. Einer will das Hakenkreuz. Einer will Diktatur. Einer will Diktatur mitm kleinen Schuß; einer will Demokratie mit Schlafsofa; eine will einen Hausfreund; eine will eine häusliche Freundin ... ein Reich will noch mehr Grenzen; ein Land will überhaupt keine Grenzen mehr; ein Kontinent will alle Kriegsschulden bezahlen, einer will ...«

»Ich weiß schon. Ich jehöre zu den andern.«

»Unterbrechen Sie nicht. Kurz und gut: das kann man so nicht erfüllen. Erfüllt man aber nicht ...«

»Ich weiß schon. Dann besetzen sie die Ruhr.«

»Sie sollen mich nicht immer unterbrechen! Erfüllen wir nicht – also: erfüllt der liebe Gott nicht, dann sind die Leute auch nicht zufrieden und kündigen das Abonnement. Was tun?«

»Eine Konferenz einberufen. Ein Exposé schreiben. Mal telefonieren. Den Sozius ...«

»Wir sind hier nicht in Berlin, Herrr! Wir sind im Himmel. Und eben wegen dieser dargestellten Umstände haben wir jetzt zwei Weihnachtsmänner!«

»Und ... was machen die?«

»Weihnachtsmann A erfüllt den Wunsch. Weihnachtsmann B bringt das Gegenteil. Zum Exempel:

Onkel Baldrian wünscht sich zu Weihnachten gute Gesundheit. Wird geliefert. Damit die Ärzte aber nicht verhungern, passen wir gut auf; Professor Dr. Speculus will auch leben. Also kriegt er seinen Wunsch erfüllt, und der reiche Onkel Baldrian ist jetzt mächtig gesund, hat eine eingebildete Krankheit und zahlt den Professor. Oder:

Die Nazis wünschen sich einen großen Führer. Kriegen sie: ein Hitlerbild. Der Gegenteil-Weihnachtsmann bringt dann das Gegenteil: Hitler selber.

Herr Merkantini möchte sich reich verheiraten. Bewilligt. Damit aber die Gefühle nicht rosten, bringt ihm der andere

Weihnachtsmann eine prima Freundin. Oder: Weihnachtsmann A bringt dem deutschen Volke den gesunden Menschenverstand – Weihnachtsmann B die Presse, Weihnachtsmann A gab Italien die schöne Natur – Weihnachtsmann B: Mussolini. Ein Dichter wünscht sich gute Kritiken: kriegt er. Dafür kauft kein Aas sein Buch mehr. Die deutsche Regierung wünscht Sparmaßnahmen – schicken wir. Der andere Weihnachtsmann bringt dann einen kleinen Panzerkreuzer mit.

Sehn Sie – auf diese Weise kriegt jeder sein Teil. Haben Sie das nun verstanden?«

»Allemal. Da möcht ich denn auch einen kleinen Wunsch äußern. Ich möchte gern im Himmel bleiben und alle Nachmittag von 4 bis 6 in der Hölle Bridge spielen.«

»Tragen Sie sich in das Wunschbuch der Herren ein. Aber stören Sie sie nicht beim Packen – die Sache eilt.«

»Und ... verzeihen Sie ... wie machen Sie das mit der Börse –?«

»So viel Weihnachtsmänner gibt es nicht, Herr – so viel Weihnachtsmänner gibts gar nicht –!«

»Womit ich mich verabschiede und Ihnen ein gutes Fest nachhinein wünsche …«

An Hans Erich Blaich

Artillerie-Fliegerschule Ost
8. Armee
Feldpoststation 277 den 24. Dezember 1916

Lieber Herr Doktor,

zunächst meinen allerschönsten Dank für das schöne Weihnachtsbuch! – Es ist wirklich sehr, sehr hübsch, sogar für einen – dialektisch – norddeutschen, dem die *»Gesänge«* am besten gefallen haben. Die Bilder sind entzückend, und wirklich famos reproduziert. Es ist eins der hübschesten Bücher, die Langen gemacht hat. Darf ich Ihnen funkentelegrafisch die Hand schütteln – es war wirklich nett von Ihnen, dem »Feldzugsschreiber« (-soldaten ist etwas kühn) eine Weihnachtsfreude zu machen.

Und ziehe meine Stirn in Falten. Revanchieren ist ein Fremdwort, aber kein Fremdbegriff. Und gibt es hier keine Läden und nichts nicht. Sind Sie sehr böse, wenn der Platz unter Ihrem schönen Weihnachtsbaum, unter dem voriges Jahr die güldenen Manschettenknöpfe von mir lagen, leer bleibt? Sicher nicht. Sie stellen auf eben diesen Platz einen Schmalzhafen (sagen Sie nicht »O mei!«, Sie – Sie – – Großgrundbesitzer!) und der Fall ist erledigt.

Ihr Wort von der toten alten Zeit aber hat mich beinahe noch mehr gefreut als das Buch. Wahrlich, so ists! Und wenn es auch noch keine Eile hat, greinend der neuen Zeit nachzukeifen, bin ich doch so nachdenklich wie nie. Junge, Junge … ist das eine (guß)eiserne Zeit! – Wenn man sieht, wies gemacht wird, dieses große Maul, diese wolkige Umschreibung der Notwendigkeiten und Trivialitäten, die angewandte Metaphysik, die Gründung eines Schützengrabenliebengottes – ich weiß doch nicht so recht und bleibe bei dem Lebehoch! wie Sie bescheiden sitzen.

Aber was wird –? Was war, ist doch vorbei. Es bleibt schon

dabei, daß man sich in sein Gehäuse verkriecht, und nicht mitmacht. Denn das Postea wird derartig schrecklich schön werden, daß man lieber nicht dran denkt. Entweder es geht alles schief, oder es bleibt ein bißchen was, und das wird doch wohl so, daß ... Sie haben ein bodenständiges Haus (mit Garten und Teppichklopfstange) – ich nicht; ich wüßte nicht, was mich dann noch in Deutschland hält. Ich weiß ja, wie sehr der *»Simpli«* ganz ehrlich die Kriegsjahre hindurch sich bemüht hat (und wohl auch bemühen mußte, wie Sie einmal schrieben), das Positive, das doch wahrlich nicht klein ist, immer wieder hervorzuheben. Aber ich habe den traurigen Eindruck und werde ihn nie los, daß viele Leute – die etwas zu sagen haben, sich denken: »Seid man vaterländisch! Oder auch indifferent! Macht überhaupt, was ihr wollt! Wenn wir nur haben!« – Dazu kommt eine wirklich vorhandene innerliche Unfreiheit des Mannes – »wenn ich nur erst Unteroffizier bin!« – dann ists gut. Diesen Geist findet man nur bei sehr wenigen Truppen nicht; bei alten Kavalleristen nicht, bei gewissen Spezialtruppen – da ist der Mann noch wirklich etwas. Aber die andern ...

Sagen Sie nur »Na na!« und lassen Sie mich abblasen. Ich weiß, daß ich übertreibe, weil ich mittendrin stecke. Aber es macht keinen Spaß – Kugeln sind nicht schlimm, aber die Menschen. Ick vornewech.

Wir bitten Sie, uns mit Nächstem 1 kg ff. prima Weltanschauung übermitteln zu wollen wie gehabt. Vielleicht hilft das.

Nochmals meinen allerherzlichsten Dank und ein fröhliches (?) Neujahr! Sie wissen gar nicht, *wie gut* Sies haben!! –

Dies wünscht Ihnen Ihr ergebener
Tucholsky

An Mary Gerold

Berlin W 50 21. Dezember 1919
Nachodstraße 12
Nr. 29

Liebstes Mätzchen,

heute ist nun also der große dicke Schreibebrief eingeloffen, auf den ich so lange gewartet habe. Denn daß er kommen würde, habe ich gefühlt – gewußt. Und nun ist er da, und ich habe ihn ganz aufmerksam gilesen und gilesen, *was* Du da alles erlebt hast, bis Du aus Rußland glücklich – oder unglücklich? – nein: glücklich – herauskamst. Kleiner, lieber Soldat –!

Ich denke, daß sich die Dinge nun so weiterentwickeln werden, wie ich schrieb. Wenn Du die Absicht hast, die ganze Abwicklung dieser Stelle noch bis zum Schluß zu leiten, so glaube ich, daß es nicht ganz nötig ist – sie können nun auch ohne Dich Krieg führen – sie müssen sich dran gewöhnen …

Und wie ist es nun in Deutschland –? Nein, ein feiner Salon lauter guter Menschen ist es natürlich nicht. Das *war* es nicht einmal – und heute –? Ach, es hat sich so verschlechtert, ist so vor die Hunde gegangen und ist so laut und grell geworden, wie ich es niemals kennen gelernt habe. Nun, Du wirst ja sehen.

Mätzchen, warum hast Du Dich so geärgert? Es tut mir leid, wenn Du gedacht hast, daß irgendeine Anerbietung unzart gemeint gewesen wäre – klang sie so? Sie war sachlich gemeint; Gott mochte wissen, wo Dich der Brief erreichte – und Du solltest wissen, daß Du absolut auf mich zählen konntest. Und noch kannst. Von »hernehmen« und »großer Mann« – müssen wir wirklich dergleichen ernsthaft diskutieren? Das paßt gar nicht zu Dir, und eben weil Du eine Russin bist und selbständig und stolz – worauf? Dummerchen – eben deshalb sollst du nicht glauben, daß ich ein deutscher Skatpapa bin, der seine Frau gnädig beglückt …

Ich habe damals – was ich auch heute noch tun würde – einfach und klar ausgesprochen, womit Du rechnen kannst; es geht nicht, daß Du dauernd in der Luft schwebst, und schließlich ist Soldatspielen ja ganz schön, aber auf die Dauer wohl nicht das Richtige. *Ich* habe Autz viel zu gut im Gedächtnis, um falsch von Dir zu denken (dann schriebe ich nicht an Dich). Und nun: tu das weg und geh dahin, wohin zu gehörst – nämlich zu mir – und wirf den Kopf nicht an den falschen Stellen hintenüber, an denen es nicht lohnt. Es beschenkt Dich keiner, es tut nur einer seine Pflicht. Matz, wer hat je geglaubt, Du seist nach Deutschland gekommen, um … Baby! Zwanzigjährige. Kleine, furchtbar dummmmmme Meli. Diesmal muß ichs sagen. Die Dinge liegen klipp und sauber so: Ich bitte Dich, herzukommen – und wir wollen sehen, wie wir miteinander leben werden. Du bist kein Wickelkind, und ich weiß sehr wohl, daß Du ohne mich nicht umkommst. Aber ich will erst einmal alles für Dich tun, was ich kann – und auch eine Mimose erschließt sich einmal … Ich denke, wir legen das ad acta – und der Matz ärgert sich nicht mehr. Und läßt sich über die Haare streichen, weil es nun endlich, endlich aus ist mit dem Krieg.

Hier ist alles beim alten. Ich bitte Dich, mir zu schreiben, ob und wann Du kommst. Ich bin nicht so unabhängig, daß ich Dich holen kann – daß Du allein fahren kannst, weiß ich, aber es wäre hübscher gewesen – kommst Du aber, so werde ich mich umsehen, daß Du nicht auf dem Wartesaal des Bahnhofs zu wohnen brauchst. Schreib mir das bitte bald – Du weißt, daß ich für Dich da bin. –

Ich schicke absichtlich nichts nach Memel – weil ich die Postverhältnisse nicht kenne. Es sind hier noch Briefe an Dich, die nicht weggegangen sind – und ein kleiner Packen, der auch nicht abgeschickt werden konnte. An Fräulein Galler und den Zahlmeister Glahn kam ich durch Nachfrage – es nützte mir aber nichts, denn Du warst nicht aufzutreiben. Ich bin froh, daß Du da heraus bist. (Klammer auf: über die politische Beurteilung der Eisernen Division mußt Du nicht erstaunt und nicht zornig sein – sie hat uns unmenschlich geschadet. Nicht einzelne Soldaten oder Offiziere – sondern das Ganze als politischer Schritt. Ich muß sagen, daß ich sie bekämpft habe wo ich nur konnte. Das erzähle ich Dir ausführlich. Klammer zu.)

Viel wichtiger ist, wies Dir jetzt geht. Und ich bitte Dich sehr, Dich soweit zu mir gehörig zu fühlen, daß Du schreibst, wenn Du etwas brauchst. Nicht – nicht sagen: Ich halte die Schürze nicht hin … Aber entweder Du bist eine entfernte Bekannte von mir, dann würde ich Dir dergleichen vielleicht formell anbieten, und gut. Oder aber Du bist meine Meli und gehörst dazu, dann ist es doch so selbstverständlich, und ich empfinde es als vollkommen in der Ordnung, daß ich mich um alles bekümmere, was Dich angeht. Darin liegt keine Annahme Deiner Schwäche – (»Na, nun wollen wir der Kleinen mal …«) darin liegt einfach der Wunsch des Mannes, der Frau zu helfen, die zu ihm gehört. Nicht: die ihm gehört. Du schreibst das bitte – nicht dem Herrn T. – aber vielleicht dem Nungo –

Sieht das Herz so aus –? Es hat einmal so ausgesehen, und ich habe immer gehofft, daß es sich konserviert, trotz der Wirren und der vielen, vielen Dinge und Menschen, die da waren – aber ich hatte kaum noch gehofft, es *bald* zu erleben. Daß es einmal da sein würde, wußte ich immer. Schließlich, madame, ich habe geglaubt. Und glaube noch. Und möchte dafür nicht gescholten werden.

Vieles andre läßt sich brieflich nicht so gut erledigen wie mündlich. Ich muß Dir in die Augen sehen – ich fühle, daß nach den ersten Worten dann alles wieder da sein wird wie damals. Und wenn ich mir den Kopf zerbrochen habe, so geschah das immer nur nach der praktischen Seite hin – wie machen wirs, daß – – Wir – nicht: ich – obgleich natürlich nicht darüber zu sprechen ist, daß auch in Rußland ein braver Kerl gewisse Dinge für die Seine tut, und sie keinen Finger dabei rühren läßt. Ja? Also. Mach die Augen zu … Und wenn Du sie wieder aufgemacht hast: laß Dir erzählen, daß die wirtschaftlichen Verhältnisse in Berlin nicht gut sind, daß ich aber glaube, daß wir es schaffen. Es ist das eine Energiefrage. Und Du sollst Dir keine Sorgen machen. Ich will, daß Du Dich erst einmal ausruhst – lange und gepflegt ausruhst und wieder zu Dir selber kommst. Da war es immer noch am wertvollsten und am besten …

Ist das Telegramm angekommen –? Es sollte nur ein Gruß sein – einer aus Papier, eine andre Möglichkeit besteht ja zur Zeit nicht. Und wenns in diesem Jahr nicht mehr ist – lange soll es nicht mehr dauern, daß Du in einer Stube sitzt und weißt: Hafen. Und: Friede. Und: Finale. – Ich wünsche es Dir. Und mir.

Gnädige Frau: komme her und laß sie abwickeln. Bist Du ein Soldat oder bist Du eine Meli?

Ich glaube, ich glaube: Du bist eine Meli.

Mit einem langen Weihnachtskuß und einem noch längern Sylvesterkuß auf beide Augen –

von Seinem alten
Nungo

Gun Tag, Mammi –! Du sollst zu uns kommen.

(gez.)
Ludolf

*

Berlin W 50 — 1. 1. 20
Nachodstraße 12

Liebes Mätzchen,

Dank für Deinen Brief, der vorgestern einlief. Inzwischen hatte ich telegrafiert, aber bisher noch keine Antwort bekommen. Ist das Telegramm angekommen? Es enthielt die Frage, die mir zu wichtig erscheint, als daß man sie mit der freundlichen Konstatierung »Ich liebe keine Fragen« abtun könnte. So geht das nicht. Du mußt da raus.

Ich möchte nicht falsch verstanden werden und schreibe doch wohl nicht so ungewandt, daß man doppelt herauslesen kann, was einfach gemeint ist. Ich habe Dir geschrieben, daß ich das Milieu unter allen Umständen für verderblich und schlecht halte. Ich denke dabei gar nicht an Männer. Nicht nur an Männer. Ich halte Dich innerlich für viel zu reinlich – und alte Liaisons interessieren mich nur insoweit, als sie seelisch fortbestehen. Also das ist es gar nicht. Aber mir gefällt das nicht, diese Leute nicht, die Politik nicht, die falsch und verbrecherisch ist, diese Luft nicht und nicht das ganze Leben, das die Dame in Dir nicht weckt. Bleibst du sie dabei – so ist das eine Leistung. Aber das ist nichts.

Du kannst zu diesen Dingen stehen, wie Du magst. Du erlaubst mir aber, um diese Kardinalfrage nicht diplomatisch herumzugehen, sondern sie aufzumachen. Es kommt natürlich nicht in Frage, daß ich hier in Berlin darauf warte, bis Du in Stade oder Hannover Dich auf die Bahn setzt. Das ist unmöglich, es gibt nur das eine oder das andre! Entweder wir gehören zusammen – dann komm her. Oder Du hast die Empfindung, Du habest mich zwar ganz gern, wollest aber noch mit andern Menschen leben und arbeiten und dies tun und das – wogegen gar nichts einzuwenden ist –: so werde ich mich immer sehr freuen, wenn Du nach Berlin kommst – aber das ist es dann nicht mehr. Und kann es nicht sein. Dazu habe ich nicht gewartet. Und eine »Pflicht« ist es auch nicht, so eine mit »muß« – es ist eine andre, innerliche. Ich erwarte nichts – aber auch gar nichts – als Dich.

Ich bitte Dich, Dir das sorgfältig und ruhig zu überlegen. Ich habe Dir immer wieder gesagt, daß ich Dir hier in Berlin keine goldenen Schlösser aufbauen kann, und so bist Du ja auch gar nicht. Ich verstände es glatt, wenn Du sagtest, hier oder da bieten sich mir beßre Möglichkeiten – bei aller Liebe – nein. Ich möchte nur wissen, woran wir beide sind. Von mir weiß ichs – so und so. Der falsche Stolz ist deplaciert, und die falsche Dickköpfigkeit ist es, und man muß die Schwierigkeiten nicht noch vermehren.

Ich hoffe sehr, daß Du inzwischen die Paketsendung bekommen hast, die Oberpräsident Winnig von Berlin mitgenommen hat. Ist sie angekommen? Es lag allerhand drin …

Also das schreib mir.

Was Du da an politischen Dingen schreibst, ist so, daß ich – wären sie nicht von Dir – sie alle veröffentlichen würde. Es ist so unglaublich, so unerhört, wie wir es hier immer wieder geglaubt haben. –

Und wie war es Sylvester? – Hier war ich am Heiligabend beim Herausgeber der *Weltbühne*, still, nett und bescheiden. – An den Feiertagen habe ich, mehr zu arbeiten gehabt – »Schall und Rauch« – das ist das kleine Cabaret Reinhardts – hat heute abend seine Premiere, wir haben nächtelang probiert, und ich denke, daß das zweite Programm im Januar besser wird als das sehr schlechte erste. Die Holl singt von mir zwei Lieder – sie macht es hinreißend. – Gestern abend waren wir en tout petit comité mit Theodor Wolff, das ist der Chefredakteur des *Tageblatts*, der Frau von Reinhardt und noch ein paar Leuten still zusammen. Es war sehr nett – ein baltischer Baron von Uexküll und noch ein sehr netter Dorpater war dabei, ein Jurist. Ich bin völlig unfähig, Balten anders als mit der Rosenbrille anzusehen – ob das nun die Leute oder das Land oder Assoziationen an Dich sind – sie gehen mir alle nahe ans Herz.

Jetzt will ich mit der Arbeit ein bißchen bremsen – es war sinnlos viel zu tun, und man muß auch mal verschnaufen. –

Worauf sich der blaue und blonde Matz hinsetzen wird, um mir zu schreiben. Ob er hierherkommen will und wann. Ob er hier arbeiten will und was. Und all dergleichen. – Schreib aber nicht an einen Deutschen, der sich »sein Mädel herbestellt«. Der ist nicht da. Es ist nur einer da, der saubre Klarheit zwischen sich und der haben will, die er liebt. Äußere Hinderungsgründe gibts nicht – die sind dazu da, um beseitigt zu werden – und am allerwenigsten Gründe, die da in dem militärischen Verein liegen. Es gibt gewisse Dinge, die nicht gehen –: der Moment, wo Du mit Deinen Leuten durch Berlin weiterfahren würdest, gehört dazu. –

Grippe –? Bitte sieh Dich recht vor – die Grippe tritt dieses Jahr wieder gefährlich und heftig auf, es sind schon sehr schwere Fälle vorgekommen – also nicht dünn angezogen weggehen – das ist leichtsinnig und schwer zu regenerieren. – Vieles wäre noch zu erzählen, aber mündlich ist das leichter.

Ein gutes neues Jahr und ein andres, stilleres, als das verflossene! –

Das wünscht Ihm und sich –

Sein alter
Nungo

An Edith Jacobsohn

Paris, 29–12–25

Geliebtes Weib,

ich wünsche Dir zunächst ein fröhliches neues Jahr sowie auch dem himmlischen Kind, und möchte der Verlegerin etwas vorschlagen, von dem ich glaube, daß damit ein bißchen Geld zu verdienen ist.

Der kleine Mann war wieder einmal ganz besonders nett und hat mir zu Weihnachten alle Weltbühnenbände geschenkt, die mir fehlen. Um die fehlenden festzustellen, habe ich in meinen Beständen geblättert, und dabei festgestellt, daß neben andern schönen Sachen, aus denen man, wie ich schon jahrelang sage, unbedingt einen Almanach machen sollte, etwas ganz besonders verkümmert: das sind die ausgezeichneten Witze.

Ich bin also bereit ein kleines Bändchen »Liebe Weltbühne!« zusammenzustellen, das Vorwort zu schreiben, die Witze ein bißchen zu klassifizieren und das Ganze darf höchstens drei Bogen stark sein, und soll wenig Geld kosten. Dafür möchte ich bei Ablieferung des Manuskripts 200 Mark haben und dann weiter nichts. Da ich weiß, daß Du mich liebst, und ich Sie für eine anständige Geschäftsfrau halte, bitte ich Sie, das Geschäft nicht mit jemand anders zu machen. Illustrationen halte ich nicht für notwendig, dagegen ein gutes Umschlagbild.

Wendriner wird in diesem Jahre regelmäßig und mit besonderer Sorgfalt verarztet werden, und wenn Starke geantwortet hat, schreiben Sie mir doch bitte.

Mit den allerschönsten Neujahrsgrüßen
Ihr alter

An Rudolf Leonhard

Post: Weltbühne

Paris XVII
1 Place de Wagram
11–12–28

Es waren 2 Königskinder –

indem ich nämlich, geliebter Lull, in diesen Tagen wegfahre, um mich auf dem Weihnachtsbaum auszuruhen – und daher vorher alles aufarbeiten muß, daß es nur so kracht *zum Ullsteinerweichen*. Und daher nicht kann. Und daher nicht böse sein sollen. Und daher auch nicht schimpfen sollen und auch nichts ins Tagebuch schreiben sollen – det mecht Ihn so passn, daß nachher die Nachwelt staunend erfährt, »Tucho hat ja nie Zeit« – und die Schulkinder sich anstoßen und tuscheln: »Das kennt man schon!«, und dann kommt die ganze *Liebesgeschichte mit der Lilly* heraus und diene ich der Posteriorität zum Gespött. Det laß Du man.

Ich wünsche Ihnen ein vergnügtes *Chanuka-Fest*, und wenn ich wieder da bin, dann melde ich mir – so wahr mir Gott helfe.

Hochachtungsvoll
Herr Tucholsky

Was macht das Stück –? Hast Du schon ein Auto –?

An Kate Kühl

Paris XVII 17–12–28

Liebe Kulicke,

was also die beiden Könnixkinder betrifft … sowie Ihren werten Brief:

Nein, meine Verehrte, Sie haben Papan *nicht* geantwortet, und weil ich wirklich dachte: »Die hat Dir abgehängt!« so habe ich mucksmäuschenstill geschwiegen. Wenn das Gedicht erscheint, soll natürlich Ihr Name dabei stehen.

»Dreigroschenoper« gesehen; was Sie da machen, ist sehr gut – ich hätte Ihnen nur noch viel, viel mehr Songs gewünscht, von denen ja ein paar Perlen drin sind.

Mit Nelson bin ich noch nicht einig. Die Berliner bestellen immer alles viel zu spät – »Ablieferungstermin: gestern« – und so kann ich nicht, indem ich ein Bedächtiger bin.

Natürlich werde ich Kate-Kühl-Platten kaufen. Kulicke, Du bist eine Tulpe, daß Sie *nie* nach Paris kommen. Wär doch sehr heiter! Wann daß ich nach Bealin mache, weiß ich noch nicht; mir steht nicht, mit Verlaub zu sagen, der Sinn danach. Und schreiben tun Sie nur, wenn so ohnanständige Wörter auf der *»Weltbühne«* stehen? Wenn wir mal im Fegefeuer braten, dann werde ich Ihnen, Kessel an Kessel, erzählen, wie es alles auf der Erde gewesen ist. Sie werden staunen. Und werden sagen: »Ja, warum haben Sie mir denn das nicht *gesagt* –? Helf er sich.

Zurück zum Ernst des Lebens:

Komme ich mit Nelson ins reine, dann stoße ich ihn auf Sie; ich schriebe gern wieder einmal etwas für Sie, und das mit *»Victoria«* und der geraubten Miss habe ich auch noch aufbewahrt und nicht vergessen.

Ihnen auch nicht.

In alter Treue wie immer Ihr dicker
Tucho

Prost Weihnachten –!

An eine Katholikin (Marierose Fuchs)

Kurt Tucholsky
Post: Weltbühne
Berlin-Charlottenburg
Kantstr. 152
– – – in Etappen geschrieben
27. 12. 1930

Verehrte,

ich wünsche Ihnen ein frohes Fest und danke Ihnen ganz besonders herzlich für das Buch! Ich bin ein etwas überarbeiteter Mann und schicke meine Büchergabe verspätet – aber nicht minder herzlich! So ist das.

In Ihren Briefen standen einige sehr hübsche Dinge – die will ich denn auch beantworten:

Das Buch also werde ich fleißig lesen … und dann darüber Ihnen schreiben. / Sonnenschein-Artikel kommt nächstens, dann noch einer über dogmatisches Denken, gezeigt an einem Beispiel … und dann ists glaub ich für eine Weile genug. Daß ich diese Artikel schrieb, daran sind zum Teil Sie die Veranlasserin; daß ich nicht mehr schreibe: das liegt an meiner Lektüre der katholischen Zeitschriften, von denen ich so allerhand bekomme. Donnerschlag. Nein, das geht übers Bohnenlied.

Ich spreche nicht vom rein Katholischen; Sie sehen ja immer wieder, wie sehr ich mich hüte, mich über das Glaubenserlebnis lustig zu machen oder es rational zu kritisieren. Ich habe da nichts zu suchen. Aber was diese braven Katholiken da so alles von sich geben …! Das lohnt wohl doch nicht, sich damit zu befassen. Ein Beispiel: in fast allen katholischen Zeitschriften wird die Psychoanalyse bedeutend dümmer beurteilt, als es der ödeste Freidenker mit dem Dogma tun kann. Es ist beispiellos. Daß die Leute nichts davon verstehen; daß sie nichts gelesen haben; daß sie keinen Schimmer, auch nicht den blassesten

Schimmer von Freud haben … das geht doch nicht. Und dann geht das los: sittenlos pp. Als ob Freud nicht ein Exponent dieser Zeit wäre – er hat sie doch nicht gemacht! Außerdem habe ich ihn jetzt wieder gelesen, mir hat einer seine Werke geschenkt. Da ist zum Beispiel eine Stelle, wo er beschreibt, wie sich die Patientin regelmäßig in den behandelnden Arzt zu verlieben pflegt – das ist gradezu eine Station auf dem Wege der Heilung. Bon. Wie er das nun behandelt: mit einer Sauberkeit, einer Größe, einer Reinheit – das ist musterhaft. Diesen Mann unrein zu schelten –: das können nur Banausen. Seine Schüler freilich haben viel Unheil angerichtet. Jedenfalls steigt aus diesen Blättern und Blättchen ein solches Unmaß von Unbildung auf … nein, das möchte ich nicht.

Sie schreiben an einer Stelle Ihrer Briefe etwas Entscheidendes: *»Das geht doch aber alle an.«* Nein, Verehrte, das geht nun eben nicht alle an. Ihr müßt euch schon daran gewöhnen, daß es sehr vergnügte Heiden gibt – die geht das gar nichts an. Feuerländer sind keine Widerlegung gegen die französische Grammatik – sie beweisen aber, daß es auch ohne diese Grammatik geht. Ich lehne ja eben diese Zwangskategorien ab, die der Katholizismus da errichtet, und Hiller hatte völlig recht, als ers auch tat. Für uns eben nicht. Ich brauche es nicht; Millionen brauchen es nicht. Es ist eine Dreistigkeit sondergleichen, es ihnen aufdrängen zu wollen. (Mit staatlicher Gewalt nämlich – durch die Kindererziehung.) In mir ist nichts, was erlöst werden muß; ich fühle diese culpa nicht, vielleicht eine andere – enfin, ich erhebe mich ja auch über keinen Katholiken, indem ich ihn bedaure oder beschimpfe – ich sage nur: ich nicht. Es geht mich gar nichts an. Nichts.

Ich mußte das mal ganz klipp und klar heraussagen, damit es keine Mißverständnisse gibt. Und mit *Ihnen* hat das mittelbar nichts zu tun; was Sie mir schreiben, lese ich immer gern, auch da und grade da, wo ich anderer Meinung bin.

Was hingegen die Literatur angeht: Übern Glaesern sind wir sehr einig. Schamlos … das habe ich eigentlich nicht empfunden.

Aber überflüssig. Sie haben völlig recht: damit ist ja nichts ausgesagt, wenn man einen Menschen bei seinen Verrichtungen schildert, die er mit den Tieren teilt. Das *kann* etwas Großes sein – aber das kann der Herr Glaeser nicht. Dann sollte mans lassen. Ich hatte damals schon in der Maschine, zu sagen: »Wir lesen in allen modernen Büchern: wo, mit wem, wann und in welcher Weise – wenn ichs noch ein paar Mal lese, dann kann ichs auch.« Was nicht hindert, daß ich dergleichen wohl auch mal schreibe – aber mich reizt bei diesen sehr seltnen Malen immer die artistische Schwierigkeit, es *dennoch* zu sagen, obgleich es so schwer ist. Das empfinden diese Kerle alle nicht. Sie schmieren das so hin. Dann lieber Pornographie.

Was Ihre Arbeiten angeht, so wissen Sie wirklich nicht, wo Ihre Kraft sitzt. Das ist ein Malheur ... diese *»Germania«*. Zum Beispiel ist die kleine Kritik des Vortragsabends der Wellshereim, wenn sie richtig ist, bezaubernd – haben Sie Fontanes *»Plauderein über Theater«* gelesen? Das tun Sie nur. Es ist ein richtiges kleines Pastell, das Sie da gemacht haben, und Sie sind überhaupt am besten, wenn Sie leicht ironisch ablehnen; dann haben Sie, was bei Frauen sehr, sehr selten ist, Humor. Das sollten Sie ausbilden. Die wäiche Lyrik hingegen ... werfen Sie nur ja die Schaumann ins Feuer. Es ist ja schrecklich. Nicht etwa, weil sie fromm ist – sondern wie sies ist, und vor allem, wie sie dem Ausdruck gibt. Das ist, um ...! Ja.

Meine Tante scheint ja da ganz freundliche Bilder über mich zu verbreiten. Wahr ist viel mehr ...

Thrasolt – hm. Der ist in der Sonnenschein-Besprechung, die Sie lesen werden, nicht gut weggekommen. Er ist doch sehr ein kleiner Mann. Ehrlich, sauber, tapfer – aber ein kleiner Mann. Und nochmals und nochmals: die fast schmerzliche Enttäuschung, die ich auch immer bei den Kommunisten finde, wenn sich mal einer mit was anderm beschäftigt, die ist ganz und gar katholisch: Es geht aber wirklich auch ohne euch – es geht sogar sehr gut. Und man muß eben *nicht* bei jeder Sache fragen: wie stellt sich der Katholizismus dazu? Es ist für uns gleichgültig, wie er sich dazu stellt – es gibt andere Werturteile, andere Himmel, andre Kategorien.

Selbstverständlich werde ich keine einzige Angabe über Thrasolt verwerten. Apropos verwerten: ich hatte aus Ihrem Brief in der Tat nur dem Sinne nach zitiert. Aber Sie schreiben doch nicht druckfertig, Gottseidank – und so, wie es da stand, hätte es wie Ironie ausgesehen, als wollte ich mich über Sie lustig machen. Sie hatten das aber in klarster Ehrlichkeit so hingeschrieben – deshalb habe ich geändert. Nichts für ungut. Wird nicht mehr vorkommen.

Haecker habe ich grade vor. Ich kenne ihn seit langem und schätze ihn sehr hoch ein. Ja, *das* ist einer. Verve, Stil, Können, Wissen ... ich verstehe ihn nicht ganz, dazu langt meine philosophische Bildung nicht. Aber ich merke: holla he – da ist was. Ich belerne mich da sehr an. Ein großer Schriftsteller.

Ich seh eben in Ihrem Brief ... Ja, die Tante Berta ist manchmal so streng. Mit mir auch – aber ich lache dann heiter, und dann geht es vorbei.

Fahsels Biographie habe ich hier. Also, das ist beispiellos. Auch hier werde ich nichts von dem verwerten, was Sie mir geschrieben haben. Ich weiß nicht einmal, ob ich überhaupt schreiben werde. Man soll diesem Clown nicht noch mehr Reklame machen. Die Biographie ist scheußlich; ich zöge mich da vielleicht auch nicht ohne bürgerliche Beleidigungen aus der Affaire. Hat dieses hysterische Weib mit dem Mann ein Verhältnis? Das besagte ja nichts; aber es ist alles so schwül, so widerlich – sehn Sie: *das* ist unsittlich, in der Atmosphäre, auch, wenn da gar nichts vorgeht. Ein dummes Buch.

Anbei eine Bilderanlage. Die Bücher kenne ich nicht. Ich kenne nur ein paar italienische Publikationen, wo sich die Kirche den geschmackvollen Scherz leistet, mit dem Imprimatur, zwei kleine Mädchen, die Opfer eines Sittlichkeitsattentats geworden waren, als »Heilige« aufzublasen. Es war grauenhaft. Dies macht ja nun auch keinen sehr schönen Eindruck. Was um alles in der Welt können denn diese Gören schon »Heiliges« an sich haben! (Ich weiß, daß in allen diesen Fällen nicht »heiliggesprochen« wird – aber es genügt auch so.)

Sie schreiben über die Katholiken und den Film. Glaubt ihr wirklich, man könne das »machen«? Das muß doch wachsen. Na, und daß es nicht gewachsen ist – das muß doch einen Grund haben. Es hat auch einen. Da muß sich also wohl nichts bewegen – wie wäre sonst eine solche Stumpfheit, ein solches Versagen in künstlerischen Dingen möglich? Nun, das ist nicht meine Sache.

Ja, das wäre so einiges. Ich komme vorläufig nicht nach Deutschland – mir tut das leid, denn ich hätte mich gern mal mit Ihnen in Ruhe unterhalten. Ohne Telefon und »Herr Meier läßt fragen ...« Ich sitze aber noch in der Stille und bebrüte ein kleines Ei. Das ist bald da, und wenn der Vogel heraus ist, dann, im Frühjahr, werde ich anfangen, zu reisen. Und dann komme ich vielleicht, wenn ihr noch Republik seid, nach Berlin. Es sind eigentlich 2 Eier – denn ich mache noch einen Auswahlband für nächstes Jahr. Und das ist eine gar erschröckliche Arbeit.

So ist das. Im übrigen lese ich viel alte Klassiker, und vom Kram so wenig wie nur möglich. Man wird nur dumm davon. Ein lustiges Land – – Und die Haltung der Kirche wieder sehr, sehr zweideutig. Darüber steht auch bei Haecker einiges; mir nicht scharf genug. Wenn Rom mit den weltlichen Gewalten zusammenstößt, dann geht das zu wie in einer Judenschule. Wobei übrigens die Katholiken meist obsiegen – sie sind so weltabgewandt, daß sie vor lauter Frömmigkeit besser handeln als die andern. Mäinst näin?

Womit ich mich verabschiede und Ihnen ein gutes Fest nachhinein wünsche und ein gutes neues Jahr!

Wie stets
Ihr alter
Tucholsky

Dreh rum

Etwas habe ich doch noch vergessen.

Ist das vielleicht eine *Lösung*, unter diesen ökonomischen Umständen für junge Mädchen, die heiraten wollen, es aber nicht können, die Ehelosigkeit oder den Verzicht zu fordern? Das mag sehr heldenhaft sein – obs aber geistig und körperlich gesund ist, das steht auf einem andern Blatt. Was mögen sich da viele quälen! Und wozu eigentlich? Ja, ich bin so flach und rational und liberal und freidenkerisch und bolschewistisch, »wozu« zu fragen. Alle, aber auch alle Beobachter aus Rußland schreiben, es fiele ihnen auf, einen wie geringen Raum die Sexualität im öffentlichen Leben dort einnähme. Ganz klar, warum. Die Leute haben es nicht nötig. Und das ist schon viel. Leute, die den ganzen Tag vom Trinken reden, sind entweder durstig oder krank. Beides sollte man nicht als Ideal hinstellen.

An Nuuna (Hedwig Müller)

20-12-33

Liebe Weihnachtznuuna,

[...]

Chesterton hat sich zu einem sehr widerlichen Burschen entwickelt. Er beweist das Christentum mit jüdischem Dreh. Braibant sagt von den Juden, und damit umreißt er mit einem Satz eine ganze Welt: »Ils ont remplacé la raison par le raisonnement.« Wenn das einer mit Jesus macht, wird mir immer übel – die Apologetik tut ja nichts andres.

Das wärs. Anbei 1 Brief. Na, Nuunchen, nun werde ich ja wohl bald in die saure Gattin beißen müssen (Polgar), und ich sehe allem weiteren gefaßt entgegen. Die Reinmachefrau hat die Bettklingel abgerissen. Ich habe einen Katarrh & und einen Kater. Herr Ehrenburg geht mir sehr auf die Nerven. Die Engländer machen es nun also – es muß wohl in diesen Pferdegehirnen anders aussehen als in denen von Menschen. Sie sind das Verderben Europas. Die Franzosen gehen wohl oder übel mit – und entscheiden wird sich das alles erst, wenn die beiden Sphären, die deutsche und die zivilisierte, mit den irrationalen Teilen aufeinanderstoßen. Dann aber kostet das viele Leben. Vorläufig bewegt sich das alles auf dem irrealen Boden der europäischen Diplomatie, und das hat mit der Wahrheit nichts zu tun – das ist Literatur.

Im übrigen führe ich einen kleinen Feldzug, um noch Schwefelwasser zu bekommen. Ach ja.

Na, Du wirst das ja alles ändern. Es liegt etwas Schnee. Die Skier sind geölt. Der See ist gefroren. Die Spiegel sind geputzt. Nun kannst Du kommen.

Das bedauert sehr

Dein ehemaliger Tanzstundenherr

*

17-12-35

Liebes Vorweihnachtsnunchen,

mit der Ziehung war es eine große Flasche (Fiasko). Das betrübt mein Herz, denn ich habe dabei immer so eine Art Schuldbewußtsein, weil ich Dir dazu geraten habe. Ach Gott. Anbei Liste und Verzeichnis – schick mir gelegentlich für März die andere Liste tillbaka.

Außer, daß die Gatze herausgeschmissen worden ist, weiß ich nichts. Göteborg schmückt sich für den Weihnachtskauf – alles ist so dumm wie stets, Zeitungen fasse ich nur noch mit dem größten Widerstreben an, und davor lese ich lieber Bichers und mache auch schédisch ein bißchen weiter. Da ist nur alles so pappig, daß es einen nicht lockt.

Das Jeistige steht in den beiliegenden Blättern. Mir ist mäßig. Darüber noch Genaueres. Die Möbel kauft keiner, was mich betrübt, denn ich will sie gern los werden. Der neue Pfilm von Feyder *»La kermesse«* oder so, soll sehr gut sein. Hier läuft er noch nicht.

Was tustu –? Ich tue bedauern, daß ich nicht Weihnachten mit Dir pfeuern kann, so, wie ich es gern möchte, mit viel zuviel Geschenken und einem empörten Gekreisch: »Fritzchen!« und güldenen Tellern und isjajanzejal und so. Aber der lb. Gott, Abteilung: Skandinavien und Loterie Nationale, will das offenbar nicht. Dieses bedrückt mich.

Nunchen, ich schenke Dir nichts zu Weihnachten, ich muß dann lachen. Sei mir nicht böse. Ich schicke dem Gögö nichts – ich habe mich erkundigt, Lieschen muß dann auf den Zoll und mehr zahlen, als das Ganze wert ist. Bitte erkläre ihr das und vor allem *ihm*.

Was tustu –? Aha. Und ich bin nicht dabei.

Hier tue ich nichts, ich gedenke Deiner und denke mir meines.

Daher heiße ich unentwegt

Bitte schick mir auf alle Fälle die *»Basler«* über Oss. Es war No. 553.

*

17-12-35

Liebes Nunchen,

natürlich bin ich unruhig – ich habe Deinen unnumerierten vom 14. d.M. bekommen und wünsche Gögön und Lieschen alles Gute! und gute Besserung! und er soll ja wieder bald gesund werden! Ich schreibe dieses ins Appartementhaus, damit Du alles zusammen hast – und bitte, bitte mach nicht *zu* viel, ich verstehe das durchaus, daß Du da pflegst, aber steck Dich nicht an und schone Dich! Wirklich.

Kleine Kinder haben ja bald hohe Temperatur, aber Du mußt genau schreiben, wann es vorüber ist! Ja –?

Dafür hat der *»Osservatore Romano«* gesagt, der Weihnachtsbaum sei eine heidnische Sache – und wer nur einmal Deutschland zu Weihnachten gesehn hat, der weiß, wie klug dieser Schachzug ist. Gott segne diesen Papst.

Ich habe heute Material aus Oslo bekommen und an das dortige Arbeiterblatt geschrieben – hoffentlich lassen sich mich heran. Diesmal kann ich das Maul nicht halten. Es ist der comble. Übrigens haben sich eine Menge Norweger gefunden, die Deinem Freund Hamsun mächtig einen aufs Dach gegeben haben – aber feste. Doch ist das alles nichts gegen das, was ich ihm hinzumachen willens bin. Natürlich habe ich erst angefragt.

Nunchen, es soll Euch allen schön gehen, und es soll alles gut vorbeigehn, und Du sollst nicht auch noch krank werden!

Dies wünscht Dir ganz besorgt

Dein emsiger

Hasenfritz

»Wieder haben wir einen Kalender heruntergerissen«

Start

Das Auge hinterwärts gedreht: so sitzt der Weise
und überdenkt sich still-bewegt die Jahreskreise,
und wie sie so, und daß sie ohne Schluß ...
wo unsereins bestimmt mal abgehn muß.

Hier überkommen ihn die trüben Sentimenter:
er greift zum grünen Curaçao (denn den kennt er)
und schlürft das Gift und sieht das alte Jahr,
und wie es gar nicht allzu fröhlich war.

Da ist zum ersten immerhin die Balkanmesse,
zum zweiten – heu nos miseros! – die Börsenbaisse,
zum dritten, vierten ... Doch stets trostbereit
in aller Trübsal blieb der Gattin Zärtlichkeit.

Und du, mein Blatt, jährst dich zum zehnten Mal auf Erden!
Du brauchst nicht (auf dem Umschlag) dunkelrot zu werden!
Wir alle altern – du allein bleibst jung!
Begleite uns auf unsrer Wanderung!

Prost Neu ... ja, ja! Der Curaçao und Silvester
bedrücken dich, mein Sohn – zieh dir den Leibgurt fester!
Verlaß Mama Philosophias Schoß:
Eins, zwei – und los!

Silvester

Da sitzt der Weise tief im Sessel
und braut sich einen Schlummerpunsch.
Die Nase glüht – es summt im Kessel –
und nachbedenklich hängt sein Flunsch.

Sieh da, Mamachen! Hoch geschäftig
eilt diese Gute hin und her.
Sie kocht und gießt und klappert heftig
und fragt mich schließlich, was es wär.

Denn schau: sie hat sich Blei geschmolzen,
es zischt, es plumpst – sie bringt es an.
Was ist das? Seh ich einen stolzen
Monarchenthron? mit Bommeln dran?

Ist das die Republikenmütze?
Ein Tirpitzbart? Ein voller Sack?
Ein Säbel, welcher zu nichts nütze,
und den man nicht mehr sehen mag?

Das alles wälz ich durchs Gemüte.
»Na, Theobald? wem sieht das gleich?«
so drängt mich meines Lebens Blüte.
Ich weiß doch nicht … das Blei ist weich …

Das soll es nicht. Es mag erstarren!
Seid hart, wie jener Landgraf war!
Umtost von Junkern und von Narren,
nur Männer ziehen unsern Karren –!
– – – – – – – – – In diesem Sinne:
Prost Neujahr!

Silvester

Im niedern Zimmer
zieht sich der Pfeifenrauch in dicken, blauen Schwaden.
Der Nachtsturm rüttelt an den Fensterladen;
die brave Lampe leuchtet mir wie immer.

Wie stets glüht mir der rote Wein
im festen Glase mit dem Kaiserbilde;
ein stiller Wein – er mundet mir so milde –
ich träum ins Glas – was spiegelt sich darein?

Vier lange Jahre.
Es hieß sich immer wieder, wieder ducken
und schweigen und herunterschlucken.
Der Mensch war Material und Heeresware.

Das ist vorbei.
Was ist uns nun geblieben?
Wo ist das Deutschland, das wir ewig lieben?
Wofür die Plackerei?

Für nichts.
Ich tue einen Zug – die Pfeife knastert –
Was hat man uns gebetet und gepastert –
Tag des Gerichts!

Und wißt ihr, wer uns also traf?
Der Koksbaron und der Monokelträger,
das Bürgerlamm und der Karrierejäger –
ihr lagt im Schlaf.

So wacht heut auf!
Wir trugen unser Kreuz und jene ihre Orden –

wir sind gestoßen und getreten worden:
Muschkot, versauf!

Vergeßt ihr das?
Denkt stets daran, wie jene Alten sungen!
Ich aber komm euch in Erinnerungen
ein volles Glas –!

Für Dr. Owlglaß

Wieder haben wir einen Kalender heruntergerissen –
o mein Herr Gott, ist dieses Leben beschmissen.
Wir bekamen auch nicht einen einzigen Orden –
aber sind wir etwa auch ansonsten klüger und reicher geworden?
Es ist immer dieselbe, dieselbe Geschichte –:
es bleiben die alten Bücher, die alten Gedichte –
Von Lichtmeß bis Dreikönig und der noch und dies und das:
Ein fröhliches neues Jahr für den lieben Dr. Owlglaß! –

Silvester

So viel Tage zerronnen,
so viel Monate fliehn;
stets etwas Neues begonnen,
dorrt es unter der Sonnen …
    Hexenkessel Berlin!

Ich, der Kalendermacher,
blick nachdenklich zurück.
Mal ein Hieb auf den Schacher,
mal auf den Richter ein Lacher –
    Aber wo blieb das Glück?

Schau, sie sind kaum zu belehren.
Denken nur merkantil.
Halten den Dollar in Ehren,
können ihn nicht entbehren –:
    Liebliches Börsenspiel.

Mädchen – euch halten die Schieber!
Denn sie sind obenauf.
Geist –? Es ist euch viel lieber
Lack und Erfolg und Biber –
    Das ist der Welten Lauf.

Nur mit dem Armband bekleidet
wandelt Melpomene.
Börsenfaun, er entscheidet,
woran die Loge sich weidet –:
    kugeliges Dekolleté.

Wie verbring ich Silvester?
Gib mir dein blondes Haar.

Fasse die Arme mir fester,
gib dich, du liebliche Schwester –
woll aus deinen Händen
Nacht und Entzücken mir spenden
und ein besseres, anderes Jahr!

Silvester

Was fange ich Silvester an?
Geh ich in Frack und meinen kessen
blausanen Strümpfen zu dem Essen,
das Herr Generaldirektor gibt?
Wo man heut nur beim Tanzen schiebt?
  Die Hausfrau dehnt sich wild im Sessel –
  der Hausherr tut das sonst bei Dressel –,
  das junge Volk verdrückt sich bald.
  Der Sekt ist warm. Der Kaffee kalt –
      Prost Neujahr!
    Ach, ich armer Mann!
  Was fange ich Silvester an?

Wälz ich mich im Familienschoße?
Erst gibt es Hecht mit süßer Sauce,
dann gibts Gelee. Dann gibt es Krach.
Der greise Männe selbst wird schwach.
  Aufsteigen üble Knatschgerüche.
  Der Hans knutscht Minna in der Küche.
  Um zwölf steht Rührung auf der Uhr.
  Die Bowle –! (›Leichter Mosel‹ nur –).
      Prost Neujahr!
    Ach, ich armer Mann!
  Was fange ich Silvester an?

Mach ich ins Amüsiervergnügen?
Drück ich mich in den Stadtbahnzügen?
Schrei ich in einer schwulen Bar:
»Huch, Schneeballblüte! Prost Neujahr –!«
  Geh ich zur Firma Sklarz Geschwister –
  (Nein, nein – ich bin ja kein Minister!)
  Bleigießen? Ists ein Fladen klein:

Dies wird wohl Deutschlands Zukunft sein …
Prost Neujahr!
Helft mir armem Mann!
Was fang ich bloß Silvester an –?

(Einladungen dankend verbeten.)

Guten Morgen –!

Ich blick zurück. Das tu ich alle Jahre.
Und immer mit demselbigen Sükzeh.
Es überhingen deine blonden Haare
mir Blüten, Sommerstaub und Herbst und Schnee.

Oh, Publikum! So wars bei mir persönlich.
Und euch? Was hat denn euch das Jahr gebracht?
Wir waren guter Hoffnung – wie gewöhnlich –
wir warteten auf Dämmerung in der Nacht.

Wir warteten an Depositenkassen,
wir warteten beim Kohlenkommissar,
wir warteten in Volksversammlungsmassen –
wir warten, warten, warten – –
welches Jahr!

Wir warteten auf unsre Kriegsgefangenen,
wir warteten auf neue Menschlichkeit,
wir warteten aufs Sterben des Vergangenen –
wir warteten auf Frieden –
welche Zeit!

Bilanz: das Ding ist diesmal nichts geworden.
Prozente: Null. Der Stand des Ladens: flau.
Rechts: Reaktion – links: Bolschewistenhorden.
Bleibt, in der Mitte schließlich –: nur die Frau.

Ihr, die ihr guckt aus sanft verklebten Lidern
in diesen Neujahrstag – grüßt sie von mir! –
Wir warten weiter unter einem niedern
und grauen Weltenhimmel – wir sind wir!
Wir warten weiter. Mag der Kosmos krachen:
Prost Neujahr!
Nur die Ruhe kann es machen.

Die Jahresgöttin singt

So komm ich über Nacht zu euch geschritten
mit Amor neben mir.
Ich bin hier etwas fremd und möchte bitten:
Macht mir nur viel Pläsier!
Ich bin das neue Jahr und will doch hoffen:
wir habens miteinander gut getroffen.

Ich will euch lieben. Seht in meine Augen –
Sie sind ein wenig schwül.
Ihr jammert? Die Regierung will nichts taugen?
Mich läßt das ziemlich kühl.
Hat man euch auch in Ost und West genommen:
Wenn ihr nur wollt –
das Glück kann wiederkommen!

Ich bin ein Weib, und ich versteh nur wenig
von eurer Politik.
Ich bin ein junges Weib – ihr Herrn, ich sehn mich
nach einer Republik.
Ihr seid doch schließlich mit den Fürsten allen
– verzeiht! – erheblich hinten abgefallen.

Die Herzen hoch! Erholt einmal das Land sich,
wird alles besser sein.
Ich bin die Göttin 1920.
Ich bring das Glück herein.
Komm, Amor! Zeig dich einmal rund im Kreise.
Licht soll es werden, wie es einstmals war!
Ich aber wünsch euch – sehr verliebt und leise
ein frohes neues und ein beßres Jahr!

Prost Neujahr!

Ich bin noch von gestern ein bißchen duhn –
ich kam nicht zum Schlafen und kam nicht zum Ruh'n. –
Noch hör' ich der Punschgläser Klingen –
nun wollen wir mal hier einen Sc- bringen –
Prost Neujahr!

Mein Zylinder zum Teufel, die Schuhe proppenvoll.
Es zahlen die Leute Schtsteuer und Zoll –
Saccharin ist kein Zucker, das Wasser ist kein Wein –
aber das merkt man erst meistens beim Dä-hämemerschein!
Prost Neujahr!

Schwer behummelt ging's uns im vergangenen Jahr. –
Will uns Ludendorff erzählen, wer schuld daran war?
Ich glaube, der Kunde, er weiß es genau –
er sagt's aber niemand, nicht mal seiner Frau!
Prost Neujahr!

Manche schreien sich 'nen Wolf nach Willi aus't Schloß –
den Deutschland ein Vierteljahrhundert genoß – –
Er macht sich aber schließlich, das hab' ich gelernt –
(Ist nämlich nichts Böses) von weitem entfernt!
Prost Neujahr!

Ich hört am Silvester ein mächtiges Bum-Bum!
Ja, sind das die Meuterer aus dem Baltikum?
Was will nun die gußeiserne Division im Wald –?
Fressen, saufen und stehlen und ein hohes Gehalt!
Prost Neujahr!

Und seh ich im Lande den alten Offizier,
Monokel im Auge – die Ma-hanneszier:

Und seh ich mal Justaf im tränenden Bart,
dann sag ich: Mir bleibt aber gar nichts erspart!
Prost Neujahr!

So wünsch' ich euch allen ein vergnügliches Jahr!
Vor allem viel besser, als das letzte es war!
Man hört es am liebsten: ihr haltet den Mund
und zahlt eure Steuern und bleibt hübsch gesund!
Prost Neujahr!

Neujahr

Bautsch! fällt der Dichter durch die Pforte,
die enge, die Silvester heißt,
ins neue Jahr. Und Reimesworte
verleiht ihm gleich sein guter Geist.
  Die Muse, die er ästimiert,
  glänzt frisch poliert.

Besehn wir uns die neue Ära.
Es ist noch alles, alles da.
Der Kleinstaatklüngel Schleiz-Greiz-Gera,
die Sehnsucht nach Tatü-Tata;
  auch ein Generalissimus,
  der bleiben muß.

Nur sind heut alle leicht gebrochen.
Sklarz macht sich ein Kompresselein.
Ihm ist, als wär ihm was zerbrochen:
sollt das sein guter Ruf wohl sein?
  Matthias aber, weiß und fett,
  schnarcht noch im Bett.

Es ruht die ganze Wilhelmstraße.
Die Assessoren blieben aus.
Sie schlummern noch in hohem Maße
(und mancher nicht bei sich zu Haus).
  Auf einem Kissen er und sie –:
  Demokratie.

Das Kino schläft. Laßt mich verweilen
bei diesen Sternen, filmomorph.
Es schläft sogar in sieben Teilen
der Herr der Welt zu Woltersdorf.

Herr Oswald geht bei Haenisch rauf
und klärt ihn auf.

Und nur der Dichter strahlt erquicklich
Das macht: der Knabe schlief allein.
Er findet es nun mal nicht schicklich …
Es kann ja auch Euterpe sein.
Die Muse steigt aus den Plumeaus.
Nu los –!

»Und so wollen wir auch in das neue, unbekannte Jahr hinübergehen, lachend, trotz alledem!«

Die Jahre

In dem langgestreckten Vorzimmer beim lieben Gott, wo sich allsilvesterlich die Jahre – wenigstens die prominentesten unter ihnen – zu versammeln pflegen, waren die langen Bänke gesteckt voll. Da saßen sie alle, alle: antike, toga-umhüllte Gestalten, alte Männer von Anno Tuback, zierliche Rokokojährchen und finstere Bauernlümmel aus dem Dreißigjährigen Kriege. Das neue Jahr 1919 präsidierte, vornehm zurückhaltend, in einem weichen, grauen Tuchanzug, mit bewegungslosem Gesicht, auf dem Ehrenplatz am Ofen. Man schrieb den 31. Dezember. Die Reden schwirrten.

»Also, ich kann da mitreden!« sagte 1630. »Wenn man denkt, nun sei es endlich aus mit dem Krieg, nun käme endlich der große Generalfriede – ja, Potz Speikatz! Dann nimmt irgend so ein verdammtes Herzöglein oder ein schrulliger Kabinettsrat Anstoß an Gott weiß was, und heraus geht's wieder mit den Mörsern und Feldschlangen, daß Gott erbarm!« – »Bei Zeus, Hera u. Co.!« sagte ein altes Jahr – es war so alt, daß niemand mehr seine verschrumpelt gemalte Nummer auf der Toga lesen konnte – »so war es immer. Schalt nicht Vater Zeus den schrecklichen Kriegsgott Ares, weil er stets Streit und Krach suchte? Odyssee, fünfter Gesang, Vers achthundertundneunzig folgende« setzte es vorsichtig hinzu, denn es war ein philologisch gebildetes Jahr. – Die Jahre murmelten.

»Ihr seid beide nicht orientiert!« sagte das Jahr 1798. »Ich – ich habe ihn noch gesehen, den kleinen Gott, den Korporal Europas! Was wißt ihr vom Krieg!« – »Wir wollen auch nichts vom Krieg wissen!« sagte ein Jahr aus der Versammlung. »Wir haben ihn satt. Wir …«

Da öffnete sich die Tür, und herein polterte ein älterer Mann, in abgetragenem Feldgrau, mit einem schweren Sack auf dem Buckel, um den Arm eine Binde, auf der stand: 1918.

Alle Jahre sprangen überrascht auf. »Heute schon –?« riefen

sie. »Wo kommst du her? Was gibt's da unten?« – Das Jahr 1918 warf den Sack hin, daß es krachte. »Ba!« sagte es. »Ich mag nicht mehr! Ich spiele nicht mehr mit! Das ist ja nicht zum Blasen!« – »Nein, gewiß ist es nicht zum Blasen!« begütigten die anderen Jahre. »Aber, warum bist du schon hier?« – »Ich bin einfach weggegangen!« sagte 1918. »Da unten merkt das kein Mensch. Ein solches Durcheinander war überhaupt noch nicht da. Ich habe einen höflichen Schutzmann gesehen, noch dazu in Preußen. Mein Glaube an die Menschheit wankt ...« Und seufzend ließ es sich auf eine Bank fallen. Die Jahre umringten ihren Kollegen. »Ja, aber was tun sie denn? Was gibt es denn Neues!« – »Sie sind übergeschnappt«, sagte der Zurückgekehrte. »Es fehlt ihnen ein Rad. Sie geben keine Ruhe, bald werden sie die ganze Welt in Grund und Boden gewirtschaftet haben mit ihrem Geschrei ... Pfui!« – »Und die Deutschen?« fragte 1813 mit leuchtenden Augen. »Das sind die Allerschlimmsten!« sagte 1918. »Sie haben immer noch nicht gelernt, sich zu vertragen und ihre schlechten Leute Karren schieben und ihre guten Leute regieren zu lassen – es ist die alte Geschichte. Aber jetzt haben sie keinen Thron mehr. Sie machen Revolution. Das scheint so ein Fremdwort für Lohnbewegung.« – »Zu meiner Zeit ...« sagte das Jahr 1848 leise. »Ja, damals –!« sagten die Jahre. »Du hattest Ideale, aber die sind jetzt unmodern!« – »Ich bin froh, daß das Ganze vorüber ist«, sprach 1918. »Bringt mir einen Punsch und dann gehe ich zu Bett!« – Und ein paar kleine Schalttage liefen herbei, mit einer Platte dampfender Gläser von wundervoll rubinroter Farbe. Sie tranken. »Prost 1918!« – »Prost 1918!« – Gläserklingen und Gelächter. »Was hast du im Sack?« – »Kronen«, sagte das Jahr. – »Was machst du damit?« – »Ich verkaufe sie als Altmaterial!« sagte das Jahr. – »Man sollte ...« erhob sich ein würdiger Vollbart, der 1871 hieß. – »Nieder mit ihm!« – »Hurra!« – »Pfui!« – »Hoch!« – Und da schob sich ein glattrasiertes Lakaiengesicht durch den Türspalt und sagte gedämpft: »Der liebe Gott läßt die Herren doch bitten, nicht solchen Spektakel zu machen!« – Und da verstummten sie.

Und eine Stimme sagte: »Und 1919?« »Ja, und 1919?« riefen alle. Das neue Jahr erhob sich und machte eine Verbeugung. In der Hand trug es eine kleine, elegante, lederne Reisetasche. »Was haben Sie dadrin?« fragte 1918. »Darin trage ich ein Heilmittel für die da unten!« sagte es. Und da wurde es ganz still.

»Darin trage ich den guten Willen. Ich darf euch noch nicht sagen, was noch alles – aber das verspreche ich euch: wenn sie einer zur Räson kriegt, der gute Wille bekommt's fertig. Der gute Wille der Niedergetretenen und der gute Wille der an die Freiheit Gekommenen. Der gute Wille der Staaten, nicht mehr Menschen zu knuten und einzusetzen wie totes Material – Menschen sind um ihrer selbst willen da! – Der gute Wille der Familie, Menschen zu erziehen und nicht nur zukünftige Onkel und Tanten und Vereinsmitglieder. Der gute Wille des Menschen, zu wissen, wofür er da ist, auf der bunten Erdkugel –: um seiner selbst willen, um seiner selbst willen, um seiner selbst willen!«

Und kaum hatte das Jahr ausgesprochen, da klangen großmächtige Glocken in den Saal, die Türen sprangen auf, und ein fernes brausendes Rufen drang durch die Luft. »Da – seht!« sagte einer. Und obgleich die alten Jahre das Schauspiel schon so oft gesehen hatten, kamen sie doch alle an die Tür und schauten: da hing die Erde groß und leuchtend in der Luft, wie ein ungeheurer Ball, es puffte und knallte und glühte auf ihr – da feierten sie Neujahr – »Ich muß gehen!« sagte 1919 und verschwand.

»Prosit Neujahr!« riefen die Jahre hinter ihm drein. Und ein ganz junges Jahr, das noch lange nicht herankommt – sein Name fängt mit zwei Nullen an –, krähte mit einer furchterregend pipsigen Stimme, im Diskant: »Und mach' einmal Frieden da unten, du!« – Und da lachten alle die alten Jahre brausend.

Und so wollen wir auch, wir, ich und du, in das neue, unbekannte Jahr hinübergehen, lachend, trotz alledem!

Fütterung der Raubtiere

Der Panter erhob sich gähnend von seinem dürftigen Lager. Er hatte in der Nacht nicht gut geschlafen –: die Wärter hatten einen Mordsskandal gemacht, mitten in der Nacht, als sogar die Pelzbewohner in ihrer unablässigen Wanderung innehielten (einer hatte sich ein Bein gebrochen, und die vielen Krankenbesuche hatten ein großes Gelaufe verursacht) – mitten in der Nacht hatten sie durch heftiges Geschrei und Gläserklingen das gefangene Raubtier daran erinnert, daß irgendetwas los sein mußte. Er sah gelangweilt auf den großen Wandkalender: richtig –! Prost Neujahr ... Huch ja – er gähnte erschröcklich.

Nun würde also wieder ein neues Jahr beginnen, und wie alle Jahr würde auch dieses Mal der schwarze Bändiger mit der Hetzpeitsche mittags um zwölf Uhr vor ihn hintreten und, ihn mit seinen kleinen Äuglein anfunkelnd, sprechen: »Fleißig, fleißig, Herr Student –!« Und er würde arbeiten müssen ... Leicht hat das so ein Panter nicht.

Aber was war das –? Da trappte es, und Schritte näherten sich, und in Begleitung des Bändigers und der vielen Wärter trat ein kleiner, dicker Mann in Gehrock und Zylinder furchtlos in die geöffnete Käfigtür ... Der Panter war satt, satt bis zum Überlaufen. Sollte er –? Nein, lieber nicht. Man hätte erst die Brille von dem da ausspucken müssen ...

Da verbeugte sich der kleine Mann und sagte, mit einer wackligen, hohen Stimme: »Ich bin der Veterinär und Panterdoktor Balthasar Hauptvogel. Ich will Sie untersuchen.« »Bitte«, sagte der Panter. Und der untersuchte.

Und was dann kam, war so überraschend, so freundlich und feierlich zugleich, daß ich doch nicht verfehlen möchte, es hier mitzuteilen – zu Nutz und Frommen der versammelten Rundschau-Gemeinde.

Er sagte nämlich, zu den Wärtern gewendet: »Dieser Panter muß gut gepflegt werden. Er ist nicht allzu fett. Geben Sie ihm mehr zu essen!« »Aber was denn?« fragten die Wärter. Und der Doktor sprach also:

»Geben Sie dem Tier schieres Fleisch zu fressen. Geben Sie ihm Otto Ernst zu fressen.« (Hier schüttelte sich der Panter.) »Geben Sie ihm Edschmid.« (Hier knurrte er.) »Geben Sie ihm weibliche Stars, die keine sind; geben Sie ihm Films, die so tun als ob, und geben Sie ihm Sacharintänzerinnen, die im Flor ihrer Gaze vergessen machen, daß auch über dem Nabel Werte liegen; geben Sie ihm die Bindelbands –« (der Panter öffnete weit den zähnebesetzten Rachen) »– geben Sie ihm die Kino-Kultur einer Stadt, die vor der großen Zeit grade angefangen hatte, eine richtige zu bekommen; geben Sie ihm gekränkte Vollbärte, beleidigte Verleger und junge Autoren, die so lange zuckersüß schmecken, wie man sie lobt – mit einem Wort: geben Sie ihm drei Viertel der jungdeutschen Literatur. Geben Sie ihm zu fressen! Geben Sie ihm!«

Der Panter schnurrte. Manna gleich fielen diese himmlischen Worte in sein tierisches Gemüt. Er ringelte seinen Schweif zu einem ungeheuern Paragraphen, setzte die Vorderbeine fest auf den Boden und zog den Körper ganz weit nach hinten. Fast sah es aus wie ein Ansatz zum Sprung ...

Der vierbeinige Doktor stülpte sich den Zylinder wieder auf. »Guten Tag, Panter!« sagte er. »Und ein fröhliches neues Jahr!« Knurr – machte der Panter.

Die Gittertür schloß sich. Die Herren begaben sich zum Katerfrühstück, der Bändiger, wie immer, lebhaft gestikulierend und dem Panter noch einen Blick zuwerfend, der Liebliches verhieß ...

Der Panter war allein. Er sah zärtlich auf den Wandkalender. Hunger hatte er. Bekam er das alles zu essen –: dann konnte es ein vergnügtes Jahr werden!

Was unternehme ich Silvester?

Soll ich zu Kallmanns gehen? Die zünden ihren Tannenbaum an, drehen das Grammophon auf, das ihnen *›Stille Nacht, heilige Nacht‹* vorkratzt, die Kinder lagern sich mit den Torsos ihrer Spielsachen auf den guten Teppich, und Vater raucht die neue Pfeife an. Mutter Kalimann spricht mit mir über die Dienstbotenmisere, und ich sage: »Jawohl, gnädige Frau! ... Gewiß, gnädige Frau! ... Denken Sie nur, gnädige Frau!« Das andre sagt sie. Ich werde doch lieber nicht zu Kallmanns gehen.

Soll ich zu meiner Freundin mit der schönen Seele und den dicken Beinen gehen? Sie wird feuchte, große Augen machen und mich mit Erinnerungen plagen. Sie wird feierlich gestimmt sein, was ihr gar nicht steht, und wird hochzeremoniös – auch sie – den Weihnachtsbaum entzünden und sagen: »Lieber Peter ...« Bu. Ich werde doch lieber nicht zu meiner schönen Seele gehen.

Soll ich auf einen öffentlichen Ball gehen? Da werden sich zweitausend Menschen in Räumen drängen, die nur für zweihundert berechnet sind. Kellner werden sich den Sacharinsekt zu Valutapreisen aus den Händen schlagen lassen, und irgendwo im Wirbel und Rauch lärmt eine Kapelle. In der Mitte tun ein paar Leute so, als ob sie tanzten. Es sind alle da: man zeigt sich die Herren aus der Wilhelmstraße, Kino-Namen werden geflüstert, und die Bühne hat ihre besten Vertreter ... auch die Wissenschaft ... Nur die Kokotten benehmen sich anständig. Wer wird auch Silvester fachsimpeln, wenn mans das ganze Jahr tun muß ...! Die Luft wird stickig und verbraucht sein, die Scherze auch. Nein – ich werde doch lieber nicht auf einen öffentlichen Ball gehen.

Soll ich auf einen privaten Ball gehen? (Oho! Ich bin eingeladen!) Die Zimmer werden ausgeräumt sein, die Lampen blau und lila umkleidet. Es wird Sekt geben und kleine Brötchen. Am Klavier ein Mann und eine Geige. Es wird viel und hingebend getanzt. Auf dem Teppich und auf den Sofas knautschen sich die Paare, so, als ob es auf der ganzen weiten Welt kein Bett gäbe. Nur die festen Verhältnisse benehmen sich anständig. (Man soll nichts verreden.) Die Tochter vom Haus wird alle Minen ihres goldenen Temperaments springen lassen – sie findet es so furchtbar interessant, das alte Wort zu variieren: Immer davon sprechen, aber es nie tun! Die jungen Herren werden sich bei den jungen Damen alle Freiheiten erlauben, weil sie nichts kosten. Auch Hessen-Nassau ist eine Provinz. Nein, ich werde doch lieber nicht auf einen privaten Ball gehen.

Also: was dann –? Ich schlage vor, wir füllen die kleine blaue Blumenvase wie gewöhnlich mit roten Blumen und trinken einen stillen roten Wein. Vielleicht erwachst du nachts so gegen zwölf. Ich werde dir dann sagen: »Liebe – ich glaube, jetzt muß ich mir einen Zylinder aufsetzen und du schlägst ihn ein. Das ist so Sitte.« Und darauf du: »Ich bin so müde. Gute Nacht.«

Und wenn du morgen früh aufwachst, ist es – wetten, daß? – 1922, und ich küsse dir das neue Jahr aus den Augen. Und da es ein alter Aberglaube ist, daß man das ganze Jahr hindurch tun wird, was man Silvester tut, so eröffnen sich für uns freundliche und wahrhaft erfrischende Perspektiven. Prosit Neujahr!

Neues Leben

Berlin, den 31. Dezember 1920
Berlin, den 31. Dezember 1921
Berlin, den 31. Dezember 1922
Berlin, den 31. Dezember 1923
Berlin, den 31. Dezember 1924
Berlin, den 31. Dezember 1925
(abends im Bett)

Von morgen ab fängt ein neues Leben an.

Der Doktor Bergmann hat einen ordentlichen Schreck bekommen, als er mich ansah, und ich bekam einen noch viel größeren. »Was machen Sie denn, lieber Freund?« fragte er leise. »Was ... was ist denn, Doktor?« sagte ich. »Haben Sie etwas mit der Leber?« fragte er. »Ihre Augen gefallen mir gar nicht. Kommen Sie mal in den nächsten Tagen zu mir!« Natürlich gehe ich hin. Ich weiß schon, was er mir sagen will, und er hat auch ganz recht. So geht das nicht mehr weiter.

Also von morgen ab hört mir das mit dem Bier bei Tisch auf. Wenn mir Mutter wieder Hamann-Schokolade durch Emmy schicken läßt, gebe ich sie den Kindern. Und Edith darf nicht mehr so fett kochen. Gestern hab ich ihr noch gesagt ... Nein, gestern hab ich gefragt, ob noch Stopfleber da ist – das ist wahr. Aber das hört mir jetzt auf.

Der Sandow-Apparat – wo ist der Sandow-Apparat? Er liegt auf dem Boden. Das Mädchen soll ihn morgen herunterholen. Von morgen ab fange ich wieder an, regelmäßig jeden Morgen zu turnen. (›Wieder‹ – denke ich deshalb, weil ich mir das schon so oft vorgenommen habe.) Und fünfzig Kniebeugen, wenn ich fleißig trainiere, kann ichs mit Leichtigkeit auf hundert bringen. Ich war doch ein sehr guter Turner, seinerzeit – wenn ich nicht gerade dispensiert war. Na ja, aber heute ist das ja ganz was anderes.

Von morgen ab stehe ich früh auf. Dieses ewige Lange-im-Bettherum-Geliege – das führt ja zu nichts. Ich stehe einfach um sechs auf, turne ordentlich, dann schön brausen und frottieren – ah – darauf freue ich mich. Ob ich nicht doch anfangen soll, zu reiten ...? Na, das ist vielleicht zu teuer – aber ein Stündchen durch den Tiergarten – großartig! Ich werde ins Geschäft gehen! Das härtet ab – in drei Monaten bin ich ein anderer Kerl. Schlank, elegant, gesund – Bergmann wird sich wundern.

Von morgen ab nehme ich den spanischen Unterricht wieder auf. Jeden Tag abends im Bett ein halbes Stündchen Spanisch – das geht ganz gut und bringt einen auf andere Gedanken. Dann kann ich die Reise nach Südamerika machen – ich werde Edith nichts sagen – das wird eine Überraschung, wenn ich auf dem Dampfer so ganz lässig Spanisch spreche ... Als ob sich das von selbst verstände ... Hähä ...

Übermorgen fängt ein neues Jahr an – ich werde ein anderer Mensch.

Von übermorgen ab wird das alles ganz anders. Also erst mal muß die Bibliothek aufgeräumt werden – das wollte ich schon lange. Aber jetzt gehts los. Von übermorgen ab mache ich nicht mehr diese kleinen Läpperschulden – eigentlich sind das ja gar keine Schulden –, aber ich will das nicht mehr. Und die alten bezahle ich alle ab. Alle. Von übermorgen ab höre ich wieder regelmäßig bildende Vorträge – man tut ja nichts mehr für sich. Ich will wieder jeden Sonntag ins Museum gehen, das kann mir gar nichts schaden. Oder lieber jeden zweiten Sonntag – den anderen Sonntag werden wir Ausflüge machen –, man kennt die Mark überhaupt nicht. Ja, und neben die Waschtoilette kommt mir jetzt endlich die Tube mit Vaseline – das macht die rauhe Haut weich, so oft habe ich das schon gewollt. Übermorgen ist frei – da setze ich mich hin und lerne Rasieren. Diese Abhängigkeit vom Friseur ... Außerdem spart man dadurch Geld. Das Geld, was ich mir da spare – davon lege ich eine kleine Kasse an – für die Kinder. Ja. Das ist für die Ausstattung, später. Von übermorgen ab beschäftige ich mich mit Radio – ich werde mir ein Lehrbuch besorgen und mir den Apparat selbst bauen. Die gekauften Apparate … das ist ja nichts. Ja, und wenn ich morgens durch den Tiergarten gehe, da werde ich vorher Karlsbader Salz nehmen – so weit ist es bis zum Geschäft gar nicht …

Man kommt eben zu nichts. Das hört jetzt auf.

Denn die Hauptsache ist bei alledem: man muß sich den Tag richtig einteilen. Ich lege mir ein Büchelchen an, darin schreibe ich alles auf – und dann wird jeden Tag unweigerlich das ganze Programm heruntergearbeitet – unweigerlich. Von morgen ab. Nein, von übermorgen ab. Im nächsten Jahr … Huah – bin ich müde. Aber das wird fein:

Kein Bier, keine Süßigkeiten, turnen, früh aufstehen, Karlsbader Salz, durch den Tiergarten gehn, Spanisch lernen, eine ordentliche Bibliothek, Museum, Vorträge, Vaseline auf den Waschtisch, keine Schulden mehr, Rasieren lernen. Radio basteln – Energie! Hopla! Das wird ein Leben!

Anmerkung des ›*Uhu*‹: Wir wollen mal nächstes Jahr wieder vorbeifliegen.

Herrn Wendriners Jahr fängt gut an

»'n Morgen, Herr Freutel, warum sind Sie noch nicht da –? Ach so, hier is keiner ...! Skandal, halbzehne – immer ist man der erste im Büro! Ach, da sind Sie ja! Wo wahn Sie denn so lange? Draußen? Ich bezahl Sie nich für draußen – ich bezahl Sie für drin! Danke. Prost Neujahr, ich Ihn auch. Was is mit John und Eliasberg? Sie, das muß mir heute noch raus – wir schreiben 1926 – das wird mir jetzt anders! Herein. Was wolln Sie? Prost Neujahr. Ja, ich weiß, danke, nein, weiter nichts. Den Mann wern wir bei nächster Gelegenheit rausschmeißen, Freutel – ich kann das Gesicht schon nicht mehr sehn. Werfen Sie die Tinte nich um! Herein. Prost Neujahr. Sie mir auch ... ich Ihn auch. Ja. Danke. Freutel, riegeln Sie die Tür ab! – die Leute machen mich rein verrückt mit ihrem Prost Neujahr! Alle komm se am selben Tag damit! Der Kalender hängt schief, Freutel – ham Sie noch 'n Jammer von gestern? Da klinkt jemand an der Tür ... Nein, lassen Se! Ach, Sie sinds, Kipper! Padong! Ich hab abgeriegelt, um ungestört ze arbeiten ... Prost Neujahr. Danke. Gut amüsiert? Ihre Familie wohlauf? Ja? Na, das freut mich. Nehm Sie Platz! Danke, wir auch. Nehm Sie ne Zigarre? Ja, lieber Freund ...! Ich hab Ihnen gesagt, sprechen Sie im nächsten Jahr vor, ich wer mein Möglichstes tun – gewiß. Was? Was? Bis übermorgen abend? Kipper, machen Sie Witze? Wo soll ich bis übermorgen abend fünfzehntausend hernehmen? In bar? Lieber Freund, bin ich Schacht –? Gehn Sie zu dem – der gibt Ihnen auch nichts, aber er ist wenigstens prima. Ende der Woche? Ausgeschlossen. Lieber Kipper, gedulden Sie sich – nu hörn Se, nehm Sie Vernunft an! Ich bitte Sie – was ist das für ne Einstellung! Hier, ham Sie heute den Artikel im ›*Börsen-Courier*‹ gelesen? Sehr vernünftig; als ob er uns beide hier sitzen sieht – der Mann sagt: ›Die wirtschaftspolitische Krise ist ein Problem ...‹ Sie wollen keine Artikel, Sie wollen Geld? Was meinen Sie, wie gern möcht ichs Ihnen geben! Aber, lieber Kipper, wer zahlt mir –? Wir haben jetzt die Weihnachtsgratifikationen ausgeschüttet – auch schon was? Das sagen Sie nicht! Es multipliziert sich. Aber ich kann aus meiner Haut keine Riemen schneiden – ich kann nicht, nu machen Sie was! Kein Mensch zahlt Ihnen heute. Nu – prolongieren Sie schon – wir sind ein Haus von Renommee, das wissen Sie ganz genau, wir lassen keine Wechsel zu Protest gehn – wir prolongieren bloß ... Fünfzehntausend ...! Na, also gut: zweihundertfünfzig bar. Ende der nächsten – warten Sie mal – übernächste Woche ... und den Rest am 30. Juni – nun, ich hab doch gewußt, mit Ihnen kann man reden. Mein erstes Geschäft in diesem Jahr. Noch ne Zigarre? Nu – ich will Sie nicht aufhalten – vielleicht haben Sie noch Gänge ... Jeder hat ja heute Gänge. Prost Neujahr! Auf Wiedersehn, Kipper. Freutel! Ist das die ganze Post? Kinder, ihr feiert zu viel. Weihnachten und Neujahr und dann noch der Sonnabend – das ganze Jahr nichts wie Feiertage! Lassen Sies klingeln – na, gehn Se schon ran! Wer is da? Mein Schwager? Gehm Se her. Morgen, Max. Ja, danke. Prost Neujahr! Schon zurück aus Glogau? Was machen die Schwiegereltern? Na, das 's ja fein. Gut bekomm? Danke, wir auch. Ja. Nein. Weihnachten wars sehr gemütlich – wir wahn natürlich bei uns, ang Famiich. Hanni hat sich sehr gefreut. Mir? 'ne sehr aparte Flügeldecke. Ich hab se mir selbst gekauft – aber Hanni hat se mir geschenkt, als Überraschung. Fritz hat sich natürlich 'n Magen verdorben – wir sitzen bei Tisch, auf einmal kommt ihm der ganze Karpfen wieder raus. So 'n teurer Fisch. Ein Jammer. Es geht ihm schon wieder besser. Silvester –? Ich wollt ja zu Hause bleihm, aber Hanni und Lotte wollten ausgehn – sind wir ausgegangen. Erst warn wir im Schauspielhaus, zur Premiere – 'n sehr schöne Aufführung – Fuchsens warn auch da – sag mal, hast du mir nicht neulich erzählt, der Mann is in Schwierigkeiten? Sie saßen jedenfalls Parkettloge. Vorderplätze. Ja. Hinterher warn wir im Esplanaht. Erich hat 'n Tisch reservieren lassen. Sehr elegant. Ja, unverschämte Preise. Die Leute nehm für eine Flasche französischen Sekt fünfundsiebzig Mark. Wir ham nur eine Flasche genommen – den andern deutschen. Gehn Sie aus der Leitung! Sie Ochse, legen Sie doch den Hörer hin! Ungebildeter Lümmel! Ich führe meine geschäftlichen Gespräche, wanns mir paßt! Max! Max! Bist du noch da? Na ja, weiter wär wohl nichts. Ja, grüß schön. Danke. Hach … Was is nu schon wieder? Mojn, Blumann! Bitte, nehm Se Platz. Prost Neujahr. Danke. Was? Was –? Was wolln Se –? Reden Sie – ohne Umschweife. Was? Ich soll stunden? Ja, sagen Sie mal – das ist mir denn doch noch nicht vorgekommen – in diesem Jahr noch nicht! Sie versprechen mir – Sie versprechen mir, im Jahr 1926 wern Sie zahln, ich hab schlaflose Nächte Ihretwegen, die ganze Silvesterfeier is mir verdorben – gestern hab ich noch zu meiner Frau gesagt, du wirst sehen, Blumann zahlt – das ist ein anständiger Mensch – und jetzt sitzen Sie ganz kalt da und sagen: nicht vor Mai? Ja, lieber Freund, was glauben Sie denn? Meinen Sie, mir gibt einer Aufschub? Eben war einer da, bar aufn Tisch hat er bekomm, so schwers mir auch gefallen ist! Wechsel! Ich will Ihre Wechsel gar nicht sehn! Ich kenn Ihre Wechsel! Da wern Sie nächstens anbauen müssen, für die Prolongationen! Nein, keinen Tag. Was heißt das: Sie ham Frau und Kinder? Ich hab auch Frau und Kinder. Hätten Sie nicht heiraten solln. Nich eine Minute. Zahln Se. Ham Sie heute den Artikel im ›*Börsen-Courier*‹ gelesen? Hier, lesen Sie, was der Mann schreibt: ›Die wirtschaftspolitische Krise ist ein Problem …‹ Nicht eine Sekunde Aufschub! Sie richten mich zugrunde, mich und mein Geschäft mit! Ist das ein Anfang vom Jahr! Wenn ich das gewußt hätte, wär ich überhaupt nicht ins Büro gekommen! Wenn man ne Verpflichtung eingeht, soll man sie halten – sind Sie 'n anständiger Kaufmann oder sind Sie ein Wechselschieber? Also? Hab ich mir gleich gedacht. Wenn ich bis nächsten Freitag mein Geld nicht hab – lassen Sie mich auch mal zu Worte komm – da solln Se sehn! Gut, liegen Sie auf der Straße! Sie wern schon nicht auf der Straße liegen! Mit mir nich, ich sag Ihnen … Nein, ich bin für Sie nicht eher zu sprechen, bis Sie nicht … Atchö. Hast du das gesehn! Was wolln Sie, Freutel? Natürlich hab ihn rausgeschmissen –! Wie ich so zu mein Geld kommen werde –? Lieber Freund, ich wer Ihn mal was sagen: Wenn ich nicht prolongier, zahlt er ein bißchen was. So viel hat er. Prolongier ich aber – da zahlt er gar nicht. Ich kenn doch das von mir. Ich bin jetzt nicht zu sprechen! Prost Neujahr. Prosit Neujahr, Frollein Richter, Prost Neujahr! Freutel, machen Sie die Tür zu, zum Himmeldonnerwetter! Ach so, die ›*B. Z.*‹. Prost Neujahr, Schulz. Prost Neujahr!!! Freutel, ich geh mal raus – man ist doch auch nur 'n Mensch …

Das ist ein neues Jahr … Hier könnt mal gestrichen werden, wie oft hab ich das schon gesagt … So! Jetzt ist mir der Hosenknopp abgesprungen …! Besetzt! Besetzt! Gehn Sie von der Tür weg. Sie könn doch hören, daß besetzt ist! Hach – Locarno-Geist in allen Parlamenten. Paris, den 2. Januar. Wie Havas meldet … Man ist ein geplagter Mensch. Die einzige ruhige Stunde, die man am Tage hat, is hier draußen –!«

Muff

Am 2. Januar zündet der dresdner Arbeiter Herzog in der Stube den Weihnachtsbaum an, bereitet in der Küche das Abendbrot, räumt seine paar Quadratmeter Wohnung festlich auf … Und sagt zu seiner vierjährigen Tochter Ilse, die in der Tür auf der Schaukel baumelt: »Ich hol jetzt Hans und Erna – laß den Baum stehn!« Und dann geht er auf die Straße, um die beiden andern Kinder, die da spielen, heraufzupfeifen … Ilse klettert von der Schaukel und schleicht an das Helle, das da leuchtet. Und macht eine Bewegung … Das brennende, schreiende Ding, das auf den Hausflur tobt, alarmiert die Nachbarn, und was noch zu retten ist, wird gemacht. Als die Flammen erstickt sind, bleibt ein zukkendes Bündel Schmerzen, das am nächsten Tag erlischt.

Vor dem Schöffengericht unter dem Vorsitz eines Herrn Ambrosius weint der Mann wie ein Kind. Sagt nur immer: »Ich habe das ja nicht gewußt …« Und bekommt vier Monate Gefängnis. Wegen fahrlässiger Tötung.

Der Staatsanwalt selbst hatte in einer dieser Kategorie sonst nicht eignen Erkenntnis gesagt, der Angeklagte sei bereits hart genug gestraft, er überlasse die Festsetzung einer Strafe dem Ermessen des Gerichts …

Nach Richtergrausamkeit, wie wir sie gewöhnt sind, sieht das Urteil nicht aus. Dieser Prozeß war nicht politisch, auch stand keinerlei irgendwie geartete Autorität auf dem Spiel, das unsre Richter dann stets begeistert auf der Seite des Mächtigen mitspielen. Wer der Unhold war, der diese Strafe ausgesprochen hat, läßt sich nicht feststellen. Wahrscheinlich die Schöffen.

Wer die heimlichen Siebungsmethoden der Justizverwaltung kennt, die einseitig, bewußt die braven Untertanen bevorzugend und unzulänglich die Schöffen und Geschworenen sich so heraussucht, daß den Richtern möglichst wenig Opposition entsteht, der weiß, welche Gesichter unter Laienrichtern anzutreffen sind. Besonders in kleinern Städten und in der Provinz sind es, neben den Fabrikbesitzern und Besitzenden feinster Stände, matte und satte Kleinbürger. Bevorzugt wird der Erzeuger jenes Kleinwohnungsmuffs, der die überkommenen Fibelvorstellungen stumpf und dumm durchs Leben schleppt, die Hände an der Hosennaht, mit treuem Hundeblick zum Vorgesetzten aufblickend, und es ist immer, immer ein Vorgesetzter da. Ich weiß zwar nicht, wie das auf sächsisch heißt, aber ich höre den Bürgersatz, der ebenso gut in Gumbinnen wie in Celle gesprochen sein kann: »Der Mann muß einen Denkzettel haben!« Es ist nachweislich ausgeschlossen, daß das Schöffengericht jemals gewagt hätte, bei einem bessern Steuerzahler mit Dienstmädchen und hölzernem Verdienerkinn solche Fahrlässigkeit anzunehmen, obgleich solch einer doch Personal hat, um kleine Kinder zu bewahren. Geschieht so etwas in einer feinen Familie, so wird wahrscheinlich kaum Anklage erhoben, höchstwahrscheinlich niemals das Hauptverfahren eröffnet, bestimmt freigesprochen. Und hätte der Arbeiter Herzog sein Kind windelweich geschlagen, so daß sein Körperchen nur noch eine einzige Farbenpalette gewesen wäre –: mit 150 Mark wäre das abgemacht, denn das ist etwa der Satz, für den man in Deutschland Kinder und Tiere quälen darf, daß ihnen die Augen herausquellen. Aber hier mischten sich Todesgruseln, Volksstück und eine vage Vorstellung von göttlicher Rache in den Gehirnen, und der Schrei des Opfers: »Wenn ich aus dem Gefängnis komme, mache ich mich tot!« erreichte kein Ohr und kein Herz.

Gott schütze uns vor diesen Schöffen. Reißt die Fenster auf –! Es mufft.

Es gibt keinen Neuschnee

Wenn du aufwärts gehst und dich hochaufatmend umsiehst, was du doch für ein Kerl bist, der solche Höhen erklimmen kann, du, ganz allein –: dann entdeckst du immer Spuren im Schnee. Es ist schon einer vor dir dagewesen.

Glaube an Gott. Verzweifle an ihm. Verwirf alle Philosophie. Laß dir vom Arzt einen Magenkrebs ansagen und wisse: es sind nur noch vier Jahre, und dann ist es aus. Glaub an eine Frau. Verzweifle an ihr. Führe ein Leben mit zwei Frauen. Stürze dich in die Welt. Zieh dich von ihr zurück …

Und alle diese Lebensgefühle hat schon einer vor dir gehabt; so hat schon einer geglaubt, gezweifelt, gelacht, geweint und sich nachdenklich in der Nase gebohrt, genau so. Es ist immer schon einer dagewesen.

Das ändert nichts, ich weiß. Du erlebst es ja zum ersten Mal. Für dich ist es Neuschnee, der da liegt. Es ist aber keiner, und diese Entdeckung ist zuerst sehr schmerzlich. In Polen lebte einmal ein armer Jude, der hatte kein Geld, zu studieren, aber die Mathematik brannte ihm im Gehirn. Er las, was er bekommen konnte, die paar spärlichen Bücher, und er studierte und dachte, dachte für sich weiter. Und erfand eines Tages etwas, er entdeckte es, ein ganz neues System, und er fühlte: ich habe etwas gefunden. Und als er seine kleine Stadt verließ und in die Welt hinauskam, da sah er neue Bücher, und das, was er für sich entdeckt hatte, das gab es bereits: es war die Differentialrechnung. Und da starb er. Die Leute sagen: an der Schwindsucht. Aber er ist nicht an der Schwindsucht gestorben.

Am merkwürdigsten ist das in der Einsamkeit. Daß die Leute im Getümmel ihre Standard-Erlebnisse haben, das willst du ja gern glauben. Aber wenn man so allein ist wie du, wenn man so meditiert, so den Tod einkalkuliert, sich so zurückzieht und so versucht, nach vorn zu sehen –: dann, sollte man meinen, wäre man auf Höhen, die noch keines Menschen Fuß je betreten hat.

Und immer sind da Spuren, und immer ist einer dagewesen, und immer ist einer noch höher geklettert als du es je gekonnt hast, noch viel höher.

Das darf dich nicht entmutigen. Klettere, steige, steige. Aber es gibt keine Spitze. Und es gibt keinen Neuschnee.

Schnipsel

Schnipsel

Manchmal haben wir in Deutschland eine sogenannte ›politische Krise‹. Wenn sie vor Weihnachten ausbricht, wird sie bis nach Weihnachten vertagt. Kein Mensch merkt in der Zwischenzeit, daß es eine Krise gibt. Man denke sich einen Fieberkranken, der zu seinem Arzt sagt: »Wissen Sie was, Doktor, morgen habe ich Geburtstag. Vertagen wir die Krise bis zur nächsten Woche!«

Nachweise

Die große Mehrzahl der Texte der vorliegenden Auswahl folgen der von Mary Gerold-Tucholsky und Fritz J. Raddatz herausgegebenen Ausgabe der »Gesammelten Werke in 10 Bänden« (Reinbek 1975 u.ö.) bzw. der von Mary Gerold-Tucholsky besorgten Ausgabe der »Gedichte« (Reinbek 1983 u.ö.).

»Kritik über den lieben Gott«, »Und für Hänschen ein Buch« und »Pariser Weihnachten« stammen aus: Kurt Tucholsky: »Deutsches Tempo. Gesammelte Werke. Ergänzungsband 1911 bis 1932«, hg. von Mary Gerold-Tucholsky und Fritz J. Raddatz, Reinbek 1985;

»Wunschzettel für Weihnachten«, »Silvester (Da sitzt der Weise tief im Sessel)«, »Prost Neujahr!«, »Die Jahre« und »Fütterung der Raubtiere« aus: Kurt Tucholsky: »Gesamtausgabe. Texte und Briefe«, hg. von Antje Bonitz, Dirk Gratoff, Michael Hepp und Gerhard Kraiker, Reinbek 1996ff.;

die Briefe an Hans Ernst Blaich, an Kate Kühl und an Edith Jacobsohn aus: Kurt Tucholsky: »Gesammelte Werke. Ausgewählte Briefe 1913–1935«, hg. von Mary Gerold-Tucholsky und Fritz J. Raddatz, Reinbek 1962;

die Briefe an Mary Gerold aus: Kurt Tucholsky: »Unser ungelebtes Leben. Briefe an Mary«, hg. von Fritz J. Raddatz, Reinbek 1982;

der Brief an Rudolf Leonhard aus: Kurt Tucholsky: »Ich kann nicht schreiben, ohne zu lügen. Briefe 1913 bis 1935«, hg. von Fritz J. Raddatz, Reinbek 1989;

der Brief an Marierose Fuchs aus: Kurt Tucholsky: »Briefe an eine Katholikin 1929–1931«, Reinbek 1969;

die Briefe an Hedwig Müller aus: Kurt Tucholsky: »Briefe aus dem Schweigen 1932–1935. Briefe an Nuuna«, hg. von Mary Gerold-Tucholsky und Gustav Huonker, Reinbek 1977.

Die Adressaten der Briefe sind:

Hans Erich Blaich (1873–1945), Autor satirischer Bücher und Mitarbeiter des »Simplicissimus«, er verwendete u.a. das Pseudonym Dr. Owlglaß.

Mary Gerold (1898–1987), zweite Ehefrau Tucholskys (von 1924 bis 1933), als Nachlassverwalterin Tucholskys, dessen Werk sie nach seinem Tod betreute, gründete sie das Kurt-Tucholsky-Archiv und die Kurt-Tucholsky-Stiftung.

Rudolf Leonhard (1889–1953), Lyriker, Dramatiker, Erzähler und Lektor des Verlags »Die Schmiede« in Berlin, nach 1933 Aktivist des antifaschistischen Exils in Frankreich, ab 1939 in Lagern in Südfrankreich bzw. in der Illegalität, nach seiner Flucht 1943 beteiligte er sich am Kampf der Résistance.

Kate Kühl (1899–1970), Schauspielerin, Kabarettistin und Sängerin, interpretierte Tucholskys Chansons.

Edith Jacobsohn (1891–1935), Mitarbeiterin der »Weltbühne« und Inhaberin des Verlages Williams & Co. in Berlin, Ehefrau des Herausgebers der »Weltbühne«, Siegfried Jacobsohn.

Marierose Fuchs (1898–1978), Publizistin, rezensierte in den 1920er Jahren für die katholische Zentrumszeitung »Germania«, u.a. Werke von Tucholsky, der daraufhin brieflich Kontakt aufnahm.

Hedwig Müller (1893–1973), Zürcher Ärztin für Innere Medizin und Kinderheilkunde, Tucholskys Gefährtin der letzten Lebensjahre.